U0314540

零基础学围棋

从入门到入段

卫泰 泓啸
檀五 仁 著

化学工业出版社
· 北 京 ·

内容简介

本书汇集了大量初学者的反馈和需求，对围棋知识体系进行了全面梳理，主要内容包括入门围棋需要做的准备、围棋的术语与招式、围棋基础吃子技巧、围棋的近战技巧与思想、围棋布局的基础、围棋里的"死活"、围棋里的进攻战术、围棋的收官、围棋经典棋局讲解、围棋的时局欣赏与回顾等十大方面。

本书从实战出发，运用大量的案例去讲解围棋应该怎样思考，怎样把握主线，怎样培养大局观，怎样提升计算力。本书是围棋爱好者，尤其是初学者学习的不二之选。

图书在版编目（CIP）数据

零基础学围棋：从入门到入段 / 卫泓泰，檀啸，五仁著 .—北京：化学工业出版社，2020.5（2023.5重印）

ISBN 978-7-122-36211-7

Ⅰ.①零… Ⅱ.①卫…②檀…③五… Ⅲ.①围棋－基本知识 Ⅳ.① G891.3

中国版本图书馆 CIP 数据核字（2020）第 032087 号

责任编辑：王　烨　项　潋
责任校对：李雨晴
装帧设计：尹琳琳

出版发行：化学工业出版社
（北京市东城区青年湖南街 13 号　邮政编码 100011）
印　　装：北京宝隆世纪印刷有限公司
880mm×1230mm　1/32　印张 $10^3/_4$　字数 250 千字
2023 年 5 月北京第 1 版第 4 次印刷

购书咨询：010-64518888
售后服务：010-64518899
网　　址：http://www.cip.com.cn

凡购买本书，如有缺损质量问题，本社销售中心负责调换。

定　　价：78.00 元

目 录

1 天   认识围棋

认识棋盘   004

特殊的点   005

认识棋子   006

落子姿势   007

落子规则   010

2 天   什么是「气」？

气   014

打吃   017

提子   018

禁入点   028

长   039

扑   040

3 天   跟着职业棋手，学习围棋规则

围堵与出头   046

连接与分断   046

吃子技巧

——利用死亡线吃子   048

吃子技巧

——利用接不归吃子   058

吃子手筋   060

1. 抱吃   060

2. 门吃   060

3. 双吃   062

4. 倒扑   064

5. 枷吃   066

6. 征子   068

第 4 天   建立主基地——眼和死活

真眼和假眼   076

死棋和活棋   079

基本死活型   082

第5天　基地蓝图——做活和杀棋1

死活棋的基本结局　090

死活棋的基本棋形　090

劫活和劫杀　100

死活棋的基本术语　108

第6天　基地蓝图——做活和杀棋2

做活的基本思路　112

利用不入气做活　112

利用打吃做活　112

向外部扩大眼位　114

从内部划分空间　114

杀棋的基本思路　116

利用不入气杀棋　116

利用打吃／断点杀棋　118

从外部缩小眼位　120

从内部阻止划分空间　122

盘龙眼　124

第7天　火线冲突——对杀技巧1

对杀和气　12

内气、公气和外气　12

对杀的常见结果 130

你死我活：一方获胜　13

和平共处：双活　13

名存实亡：假双活　13

对杀前的准备工作：

紧气、延气和撞气　13

陷入争端：紧气劫　13

垂死挣扎：缓气劫　14

短期停战：万年劫　14

对杀的特殊结果　14

打劫之名局　14

第 8 天　| 火线冲突——对杀技巧 2 |

对杀中的判断　154

无公气对杀　154

双方无眼有公气　156

双方有眼有公气　160

单方有眼有公气　162

杀棋之名局　166

终局和胜负　170

打劫与棋子效率　172

打劫的常用术语　176

打劫的手段：

提劫、找劫材和应劫　176

打劫开始：

做劫、开劫和扑劫　178

打劫结束：

粘劫 / 消劫　180

第 9 天　| 理解与欣赏——棋形和术语 |

棋形和术语的意义　184

匍匐前进　184

迈开步伐　186

战斗中的棋形　190

近身搏斗的棋形　190

针锋相对的棋形　192

部分进阶术语　195

第 10 天　| 战斗指挥——完整的一局 |

对局的流程　198

布局阶段　200

中盘阶段　208

官子阶段　216

围棋的两大技能　220

计算力　220

大局观　224

人机之战　228

第 11 天 | 排兵布阵——布局基础

实地与外势　　　　232

布局的下法　　　　234

　抢占空角　　　　234

　守角固角　　　　236

　定式争角　　　　237

　拆边延伸　　　　238

　分投打散　　　　240

布局的原则　　　　242

　地势均衡　　　　242

　建立根据地　　　　242

　追求效率　　　　243

布局的基本型　　　246

　星布局　　　　246

　星小目布局　　　250

　小目布局　　　258

什么是「中国流」?　264

第 12 天 | 小队阵型——角部定式

定式的逻辑　　　　268

应对挂角的手段　270

定式的基本型　　273

　基本星定式　　274

　基本小目定式　276

第 13 天 | 全军突击——中盘战斗

厚势和孤棋　　　280

攻防的手段　　　282

攻击的策略　　　284

地盘的争夺　　　286

第 14 天　确定边界——官子基础

官子的种类　　292

　双先　292

　单先和逆先　294

　双后　296

官子的大小　298

收官的顺序　299

常见的官子手段 300

盘外趣事：读秒时想去洗手间怎么办？ 309

第 15 天　胜负判定——比赛规则

执黑和执白　　312

棋份的确定　　312

违例及处罚　　314

　围棋规则违例 314

　违反赛场纪律 314

胜负判定　　315

职业围棋比赛：

真剑的胜负，漫长的鏖战，荣誉的争夺　322

基本功自测　326

后记　致谢　330

一本好书，
就像一位好老师

我是檀啸，一名棋手，职业九段。

我5岁学棋，一开始的学棋之路非常独特。当时我是我的启蒙老师的第一批学生，老师教我也是摸索着来，很多时候一边手捧着书念，一边教我。对于年幼的我来说，那本入门书仿佛有了魔法，老师不断通过书籍传输给我知识，我便跟着不断练习，后来我也常常会一个人独自去研究。

独自看书摆棋的时光是儿时非常美好的时光。一年以后我就能打败很多同年龄的孩子。很多人说我的天赋不同寻常，但我认为，每个学棋的大朋友、小朋友都应该有一本更好的入门书籍，因为一本好书，就像一位好老师。

第一天

认识围棋

认识棋盘

　　围棋棋盘纵横各有 19 道，棋子落于其横竖形成的"交叉点"上，共 361 个。

　　刚开始学习围棋时，会使用 9 路棋盘，上面有 81 个交叉点；还会使用稍大一点的 13 路棋盘，上面有 169 个交叉点。

9 路棋盘

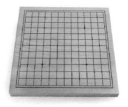

13 路棋盘

19 路棋盘

特 殊 的 点

星和天元：

棋盘上■和▲处的点，叫做「**星位**」，简称「**星**」；

其中▲处的点在棋盘的正中间，又叫做「**天元**」。

认识棋子

棋子的种类，分为黑、白两种。

19 路棋盘配有 361 颗棋子，其中黑子 181 颗，白子 180 颗。

落 子 姿 势

　　食指在下，棋子在食指指甲之上，中指弯向食指夹住棋子，其余手指自然前伸，落子时，食指指向落子交叉点，将要接触到棋盘时，食指旁移，中指摁着棋子落在盘上。

　　需要多练习，落子不宜大力，自然轻快是要点。

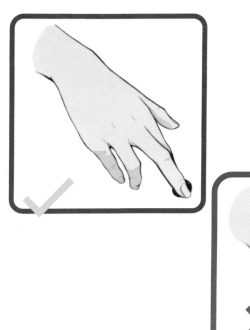

落子规则

落子的规则：黑棋下第一步，白棋下第二步，然后交替落子，直到对局结束。

令人意想不到的是，棋风稳健、外号「二枚腰」的九段棋手林海峰竟然也曾在比赛中因连下两手棋而被判负！

日本第12期名人挑战赛，林海峰在循环圈中6胜2负，力压小林光一、赵治勋、武宫正树、大竹英雄、藤泽秀行等豪强，时隔九年，以挑战者的身份，再度出现在名人战七番胜负舞台之上。

第一局名人挑战赛在纽约进行，加藤正夫先下一城。第二局林海峰在优势的局面下走出缓手，遭到加藤的妙手打击，再度告负。然而在第三局中，逆境中的林海峰再次展现「二枚腰」的韧劲，行至右图的白1提，一度将加藤逼到了悬崖边上。

可能是眼看胜利即将到手，进入最后一分钟读秒的林海峰突然出现错觉，在黑棋还没有落子时，以为加藤已经下在了右图中A位，所以接着落子在图中白2位置。

按照规则，林海峰被直接判负！加藤在最后一刻等来了天上掉下的大馅饼，三连胜！而林先生大受打击，第四局也没有扳回一城，由此加藤四比零完胜，获名人二连霸！

值得一提的是，在日本第36期王座挑战赛五番胜负第一局，幸运的加藤正夫还因为挑战者武宫正树违反了另一规则而先拔头筹，我们将在后面的章节详细介绍。

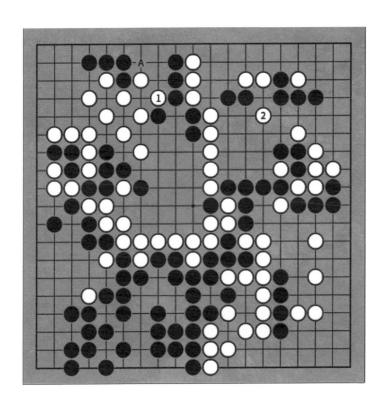

日本第 12 期名人挑战赛　七番胜负　第三局

林海峰执白违例负加藤正夫

第2天

什么是「气」？

气

一颗棋子的气：

在横竖方向上与一颗棋子直接相连的交叉点称为这颗棋子的「气」。

一颗棋子的气的数量总和，称为这颗棋子的「气数」。如右图中的"✖"即为"气"。

一块棋的气：

与一颗棋子的气的概念类似，「紧密相连」的棋子可以组成「一块棋」。

通过观察我们会发现，一般而言，一块棋的气数会随着组成这块棋所用到的棋子数量一起增长。

如果我们继续观察右图下面的棋形，你可能会不禁思考：

「同样是三颗棋子，为什么气的数量会不同呢？」

这是因为棋子构成的形状产生了变化，这就是所谓的「棋形」。

在单纯地想快速增加一块棋气数的情况下，「直着走」要比「拐弯走」效果更佳。

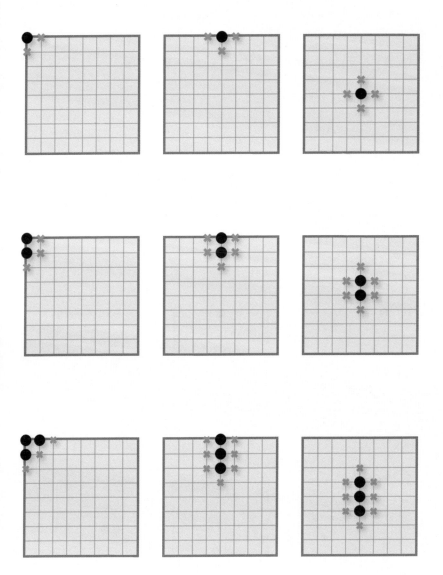

气是棋子在棋盘上生存的基本条件。

一颗失去所有气的棋子会被对方从棋盘上无情地移除，这种让对方棋子失去所有气的下法，称为「提子」。

与提子有关联的下法包括：「打吃」「提」「长」「扑」。

数 一 数

你能数清楚黑棋有几口气吗？

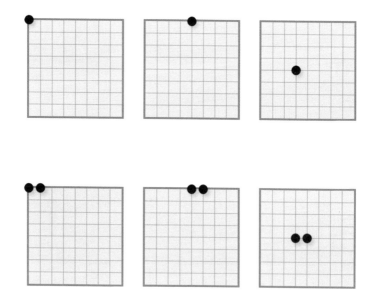

打 吃

　　不论对方棋子数量多少，使对方的棋子从 2 气变为 1 气的手段，称为「打吃」。

　　打吃是威胁对方棋子的最基本手段。下面是三种不同情况下打吃的例子：

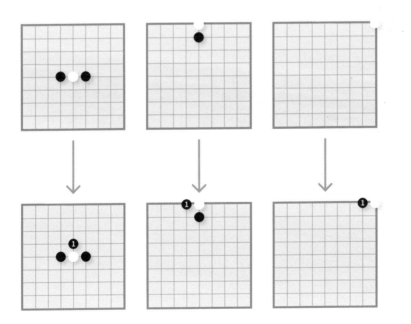

提 子

如果对方的棋子只剩下一口气，那么我们填上这口气后就可以把对方的棋子从棋盘上「提」走了。

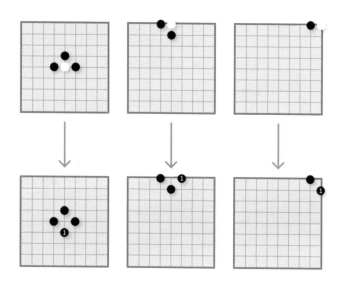

提子可以说是围棋中最简单直观的攻击手段了，一定要勤加练习，稍有不慎，连职业棋手也会在大赛中马失前蹄。

以下两盘棋都轮到白棋落子，你能看出问题吗？

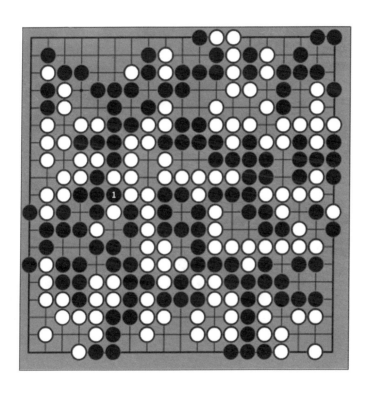

第 54 届日本 NHK 杯快棋赛第一轮
石田芳夫执白中盘胜中野泰宏

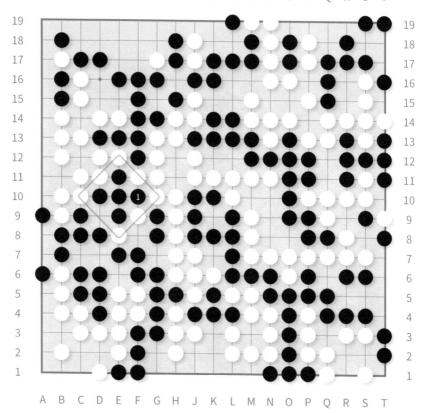

　　棋局进入官子阶段，正常收束应是执黑的中野泰宏小胜的局面，此时中野泰宏落子1位，本意是分断白棋两子。

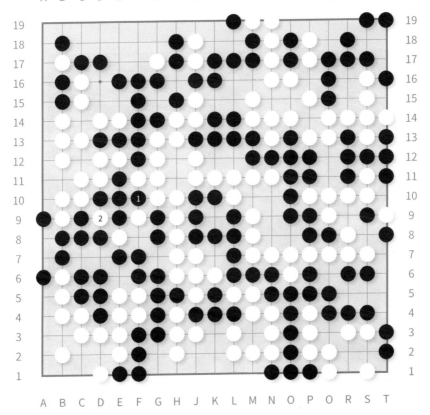

但中野泰宏没有发现，落子后黑棋五子仅剩一气，石田芳夫即刻提起五子，逆转局势。

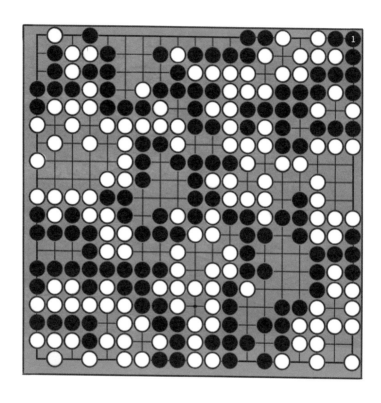

②

第 19 届韩国女子国手战　三番棋决赛　第三局
金彩瑛执白中盘胜朴志恩

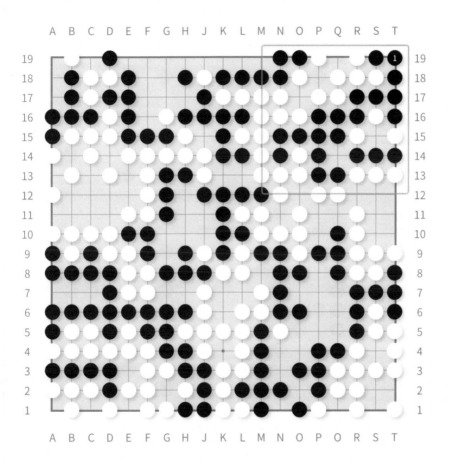

棋局接近尾声，执黑的朴志恩接回被打吃的黑一子。

不料这一接，这队黑棋竟然只剩下一气，执白的金彩瑛落子白2，大功告成。

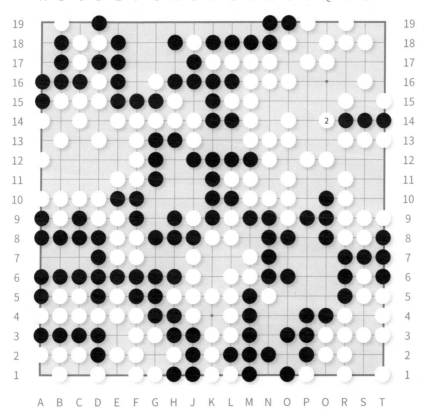

金彩瑛提起一串黑子，宣告胜利。

禁 入 点

看过了提子的故事，我们知道，没有气的棋子不能在棋盘上生存。

如果一方的一颗棋子下在棋盘上时就没有气，又不能吃掉对方的子，这个点就是这一方的「禁入点」，又称「禁着点」。

一个点被判定为某一方的禁入点，需要同时满足两个条件：

（1）己方无气；

（2）不能使对方无气。

不满足这两个条件的都是非禁入点。

例如右图上方的棋形，在 ✖ 这个位置对于白棋来说就是「禁入点」，因为在白棋落子后，这颗刚刚落下的棋子处于无气的状态，且不能提掉对方的子，这样的下法是不被规则允许的。

值得注意的是，✖ 位置对于白棋是「禁入点」，对于黑棋则不是。

再来看右图下方的棋形，当白1落在 ✖ 位置时，白棋也是处于无气状态，但此时黑棋的两颗子也处于无气状态，白棋可以将这两颗黑子从棋盘上拿掉，所以这手棋是完全符合规则的。

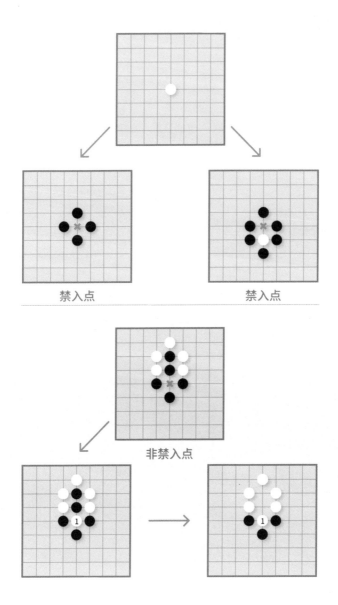

禁入点　　　　禁入点

非禁入点

在职业赛场上也有落子在禁入点的失招。

韩国第 15 届棋圣战本赛 16 强战，曹薰铉九段一不小心竟然下出了一手失误。

白 1 后，黑棋本意应是下在 A 位的非禁入点中，怎料曹薰铉九段竟鬼使神差地在黑 2 处的禁入点中落子。

值得一提的是，输给后辈的曹薰铉后来戒烟戒酒、徒步登山，令自己的状态保持上乘，长期活跃于世界棋坛，还成为了韩国国会议员。

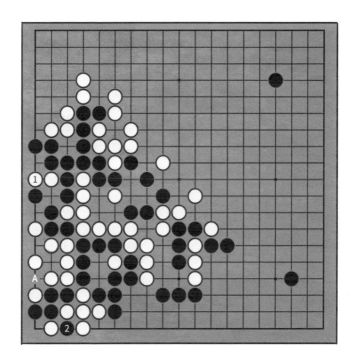

韩国第 15 届棋圣战　本赛 16 强

曹薰铉对崔哲瀚，曹薰铉误入禁入点

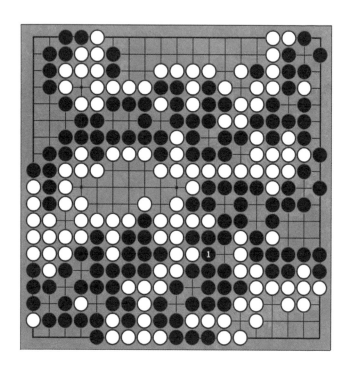

第 26 届日本棋圣挑战赛　七番棋决战　第五局
王立诚九段执白中盘胜柳时熏

我们来看一看非禁入点的例子。

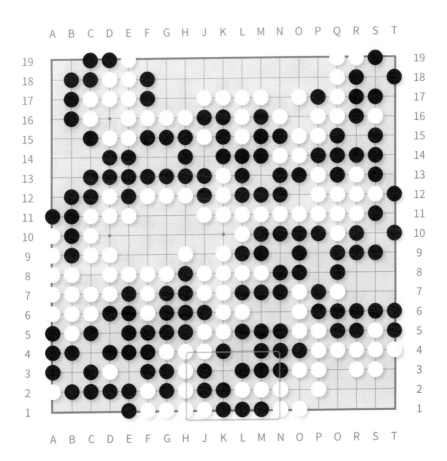

　　此时执黑的柳时熏无限接近胜利，处理好下边被打吃状态的黑棋六子后，王立诚已无翻盘的可能。

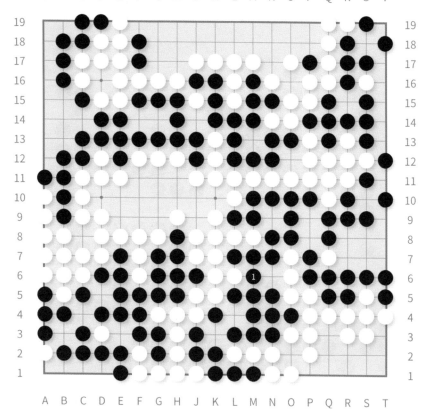

但柳时熏似乎并没有意识到自己的棋子被打吃了，反而落子他处（黑1）。

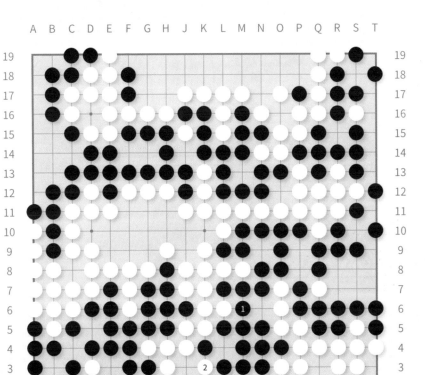

王立诚遂提起六子转败为胜。

提示:下在禁入点上的惩罚

根据中国围棋规则,第一次下在禁入点上,判该落子无效,并且在计算胜负时会罚去一子;第二次下在禁入点上,直接判负。

做一做

黑先,请吃掉白子。

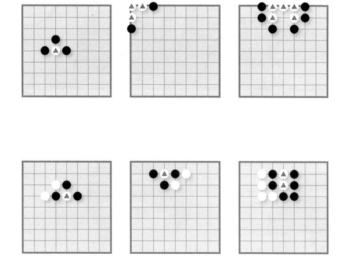

长

长是逃跑中最基本的手段。

如果想挽救被打吃的棋子，那么就需要立刻「长」（cháng）。

像下图这样，下完白 1 后，白棋立刻从原来只剩 1 气增加到了 3 气，脱离了危险状态，这样黑棋就很难立刻吃掉白棋了。

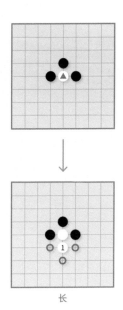

长

扑

前面讲了不被吃掉的办法，但其实还有故意送别人吃的招法。

如果己方刚刚落下的子只剩1气，而对方可以立刻进行提子时，那么这手棋就称作「扑」。

听到这里你是否会觉得「扑」这种「自杀式」的下法十分没有意义？

实际上相比于前几种手段，「扑」是相对更高级的、在一些特殊情况下才会用到的下法，甚至在职业对局中也会被忽视。

我们会在接下来的章节中逐渐学习「扑」的手段，今天我们先从欣赏的角度观察一下被职业棋手忽视的「扑」。

如右图所示，山本贤太郎与下坂美织在第1届努力杯日本团体赛中的对局，在此之前棋局已接近尾声，执黑的山本贤太郎似乎胜券在握，然而……

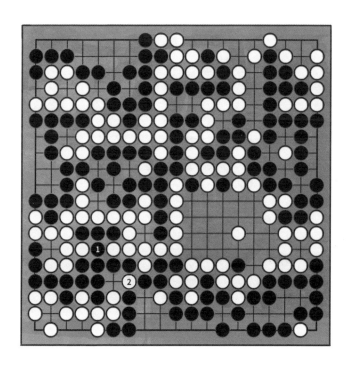

第 1 届努力杯日本团体赛　第 2 轮
下坂美织两「扑」扑倒山本贤太郎，
你能看出第二次的「倒扑」在哪儿吗？

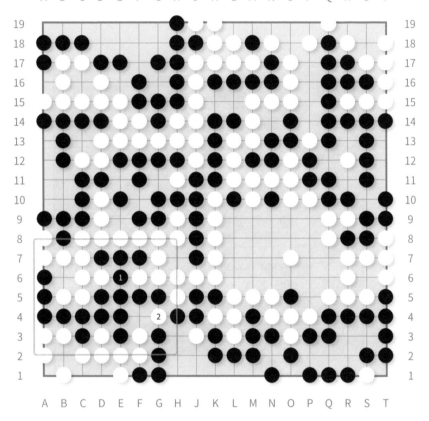

黑1太不小心了！白2使用「扑」，山本贤太郎投子认负，棋局戛然而止。

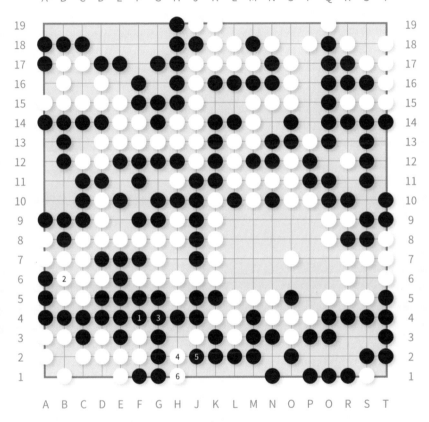

如果继续进行，黑棋提走白子 G4，我们就能看见白 4、白 6 和白 J3 共同构成的倒扑，至此黑棋无以为继。

第3天

跟着职业棋手，
学习围棋规则

围堵与出头

气是在棋盘上生存的基本条件——有气则生，无气则死。

使对方棋子的气数减少直至变为 0，是提起对方棋子的基本原则。

吃子的过程，本质上是「包围」的过程；

逃跑的过程，本质上是「突围」的过程。

右图上方的棋形中，白▲三子虽还剩下 3 气，但其实这三颗棋子的处境已经十分危险。

如果白棋先下，白 1「出头」后这块棋已经不会被包围，也就安全了许多。反过来看，白棋如果被黑 1 抢先堵住了出路，虽说这三颗子还剩下 2 气，但在无法冲出包围圈的情况下，白棋也只能坐以待毙。

连 接 与 分 断

如果一步棋能将己方的两块棋连成一块，那么通常这块棋也会变得更难被攻击，这种把两块棋连成一块的手段，称为「粘」或「连」。

相反，如果不希望对方的两块棋连成一块时就需要采取分断的下法，这种阻止对方连接的手段，称为「断」。

右图下侧的棋形中，白 1「粘」使下方白子与白▲一子形成联络，这种情况下黑棋已经无法继续威胁白棋。

如果黑棋抢先分断了白棋，白▲一子再次落入了黑棋的包围圈。

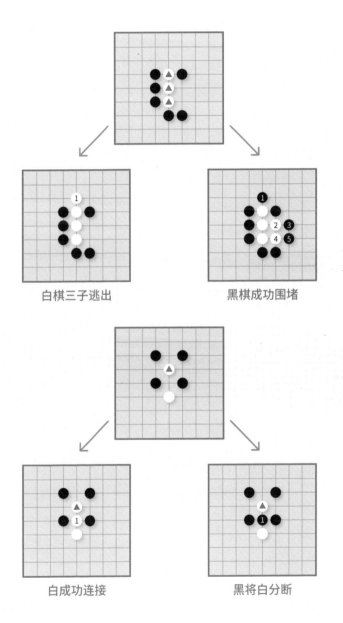

白棋三子逃出

黑棋成功围堵

白成功连接

黑将白分断

吃子技巧
——利用死亡线吃子

打吃的时候，对方的逃跑方法是长。长可以逃跑，是因为可以把气数从1变多。如果选择正确的打吃方向，使对方的长不能把气数变多，那么这步棋就可以达到吃子的目的。

正确的吃子方向，分为两种：

（1）利用棋盘边缘的一线，称为「利用死亡线吃子」；

（2）利用狭窄的道路让对方来不及连回，称为「利用接不归吃子」。

由前面介绍气的章节中，我们已经了解了当棋子处于棋盘的不同区域上时，气数也会发生相应变化这个现象。棋盘四周边缘的线称为「一线」，而「一线」在大多数情况下也被认为是「死亡线」。这其中主要有两个原因：

（1）相比于位于棋盘中央区域的棋子，一线的棋子气数更少；

（2）由于一线是棋盘的边界，位于一线的棋子可以活动的范围自然大幅缩减了。

右图展示了两种利用死亡线吃子的方法。

在上方的棋形中，白▲一子位于棋盘二线，已经十分贴近「死亡线」。

这时候黑棋需要做的就是通过正确方向的打吃驱使白棋逃向死亡线，这个图也可以说是「驱向死亡线」的最典型例子。

如果黑棋换一个方向打吃，那么白2长向 ✖ 区域，这里的空间很大，黑棋吃子的难度则会大大提升。

而下方的棋形中，黑棋采用了「沿着死亡线」的方法，通过连续打吃将白棋牢牢压制在「死亡线」上。在这种情况下，白棋长得越多，最终死掉的棋子数量也就越多。

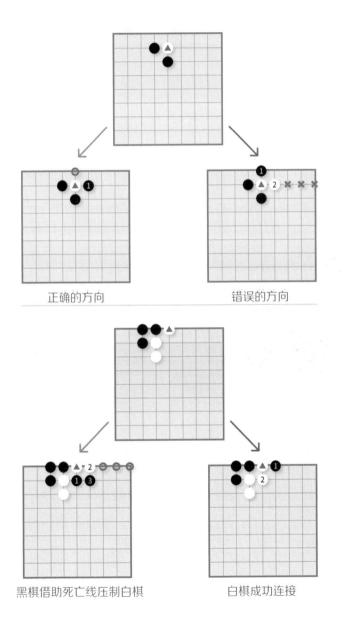

正确的方向

错误的方向

黑棋借助死亡线压制白棋

白棋成功连接

下棋讲究稳扎稳打，最后一刻也不能马虎大意。

右图这盘棋是来自围棋界奖金最高的应氏杯本赛的对局。

执白的淡路修三已经胜利在望，可一时大意落在 1 位，刚一落子，马上意识到大事不妙，可惜为时已晚……

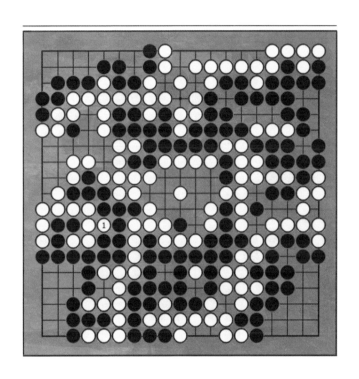

第 4 届应氏杯　第二轮
马晓春执黑对淡路修三

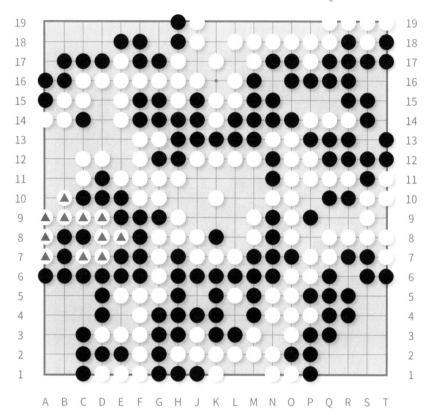

现在是黑棋的回合，▲标记的白子接近死亡线，而且气数太少。

你能利用死亡线吃子技巧制裁它吗？

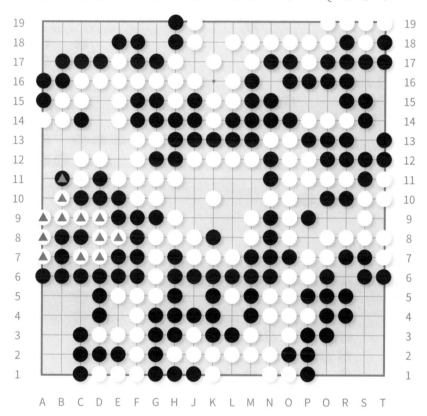

黑子落在 B11 处，白子已无力回天。

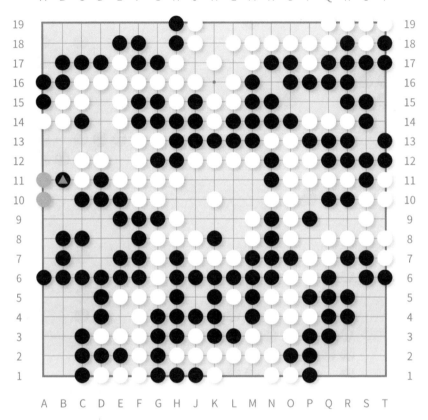

不论白子下一步走到哪里，黑子可以落在 A10 或 A11 处，白子全部被吃。

做一做

请连接黑棋。

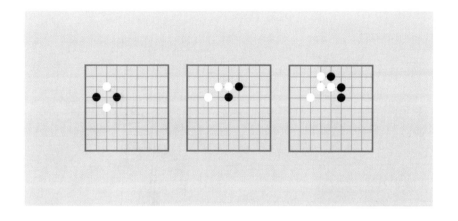

请分断白棋。

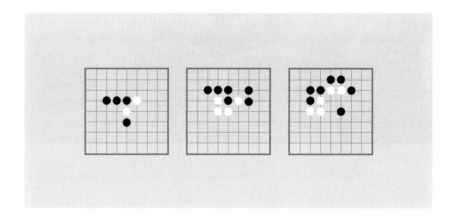

吃子技巧
——利用接不归吃子

　　「接不归」的字面意思是：棋子被「接」后仍不能「归」家，右边的棋形就是标准的「接不归」。

　　「接不归」的关键在于对「气」的观察，找到对手弱点后通过正确方向的打吃，使被打吃的棋子即使在连接后依然只剩下 1 气，最终被己方提掉。

　　能发现对手接不归是一大乐事，能算出未来可以造出对方的接不归就是登堂入室了。

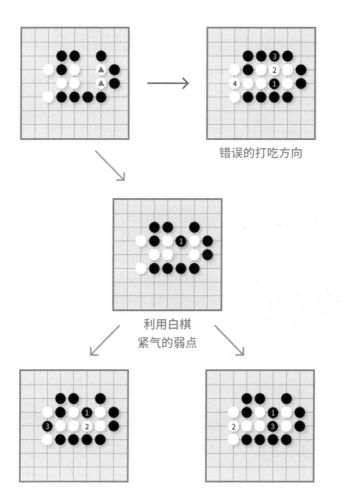

错误的打吃方向

利用白棋
紧气的弱点

吃子手筋

「手筋」是围棋中的术语，一般用来形容非常巧妙的手段。

「吃子手筋」能够针对目标棋形的特征，直击要害从而达到吃子的效果。

吃子的手段有两个要素，一是包围，二是紧气。

任何吃子手筋，都要满足「形成包围圈」的条件。

掌握以下六种基本吃子手筋，能让你在棋子短兵相接时更加游刃有余！

1. 抱吃

「抱吃」的本质是对目标棋子的逃跑路线进行预判。

右图上方，黑1像手臂一样将白▲一子环绕，使白棋无法挣脱。

如果换个方向打吃，那么白棋将轻松联络。

2. 门吃

右图下方的棋形称为「门吃」。

黑1门吃后黑棋的六颗棋子形成一道大门，将白棋二子牢牢困住。

白2尝试逃脱，黑3关门后白棋束手就擒。

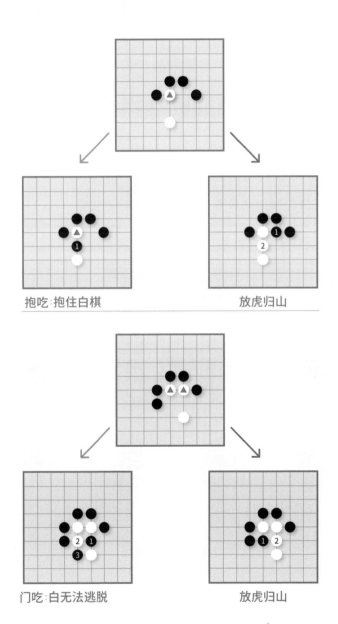

抱吃：抱住白棋

放虎归山

门吃：白无法逃脱

放虎归山

3. 双 吃

　　「双吃」就是同时打吃对方两队棋子，可以说是这几种吃子手筋中最直接的一种。

　　右图黑 1 形成双吃后，因为白棋一次只能下一步，所以没有办法兼顾两边。

　　双吃的诀窍在于对气的观察，找到「一石二鸟」的打吃。

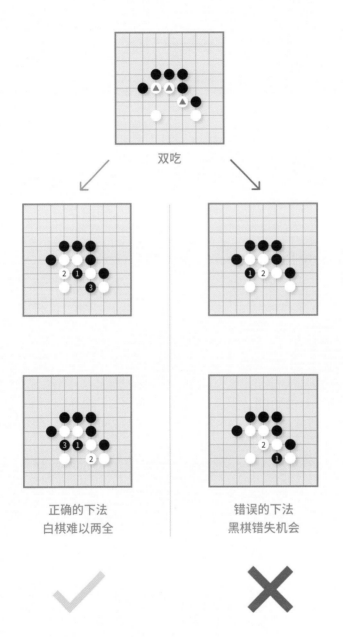

双吃

正确的下法
白棋难以两全

错误的下法
黑棋错失机会

4. 倒扑

我们在介绍气的章节中曾简略地提到过「扑」这种下法。

在右图所示的这个倒扑的例子中我们可以看到，白2可以立即将黑1「倒扑」这颗子提起来，但当初的两颗白子▲在白2加入后，瞬间由2气变为了1气，进入「被打吃」状态。这个时候黑3可以再反提回来，吃掉白三子。

黑1的倒扑在此处通过逼迫白棋提子，非常巧妙地起到了紧气的作用。

反观失败图，如果黑1不肯先牺牲一子而选择从另一侧打吃，那么白2连接后黑棋一无所获。

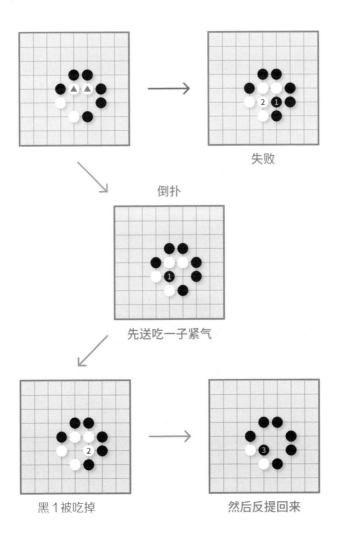

失败

倒扑

先送吃一子紧气

黑1被吃掉

然后反提回来

5. 枷 吃

「枷吃」的本质也是通过形成包围圈后再吃掉目标棋子，这与抱吃、门吃等下法十分相似。「枷吃」也是基本吃子手筋中唯一不需要先紧气的下法。

右图黑 1 枷，看似很松散的一步棋，但事实上这招棋已经与其他几颗黑子形成了一个枷锁，将白▲牢牢控制。白棋不论从哪个方向尝试冲出，黑棋围堵后都将形成「门吃」的形状，白棋自然无法逃脱。

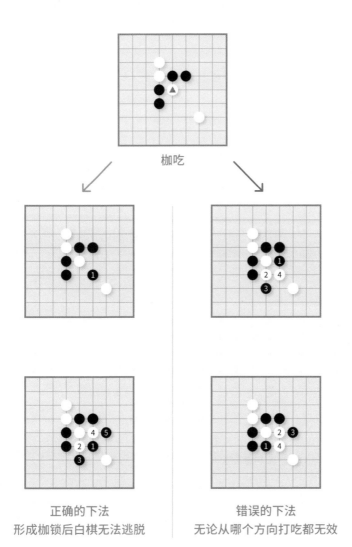

枷吃

正确的下法
形成枷锁后白棋无法逃脱

错误的下法
无论从哪个方向打吃都无效

6. 征 子

　　征子也称为「扭羊头」，「扭」这个字是征子的第一个关键点，在连续打吃的过程中一定要做到让对方的棋子走曲线逃跑。

　　英语国家的围棋爱好者把征子称为「ladder」，即「楼梯吃」，也十分形象。

　　右上图正解图中的白棋由 1 颗子长成了 11 颗子，在黑棋的驱赶下被「扭」到了棋盘的边界处，最终全部阵亡。

　　征子的第二个关键点是在进行征子前一定要确认征子的条件。

　　右下图我们可以看到白棋已经在左下得到了白▲的接应，这个时候如果再采用征子的下法就非常不明智了。

　　行至白 14 后，黑棋不仅没有吃掉白棋，自身反而给白棋留下了非常多的双吃，基本上算是支离破碎。

　　所以，在征子不利的情况下，一定不要贸然采用征子的下法。

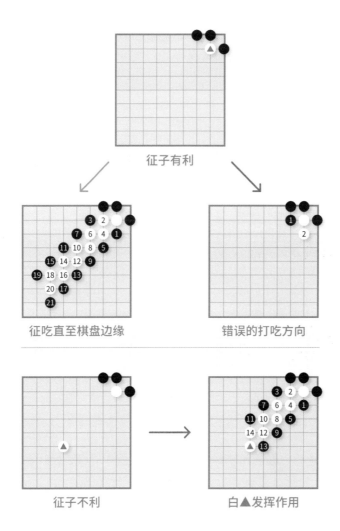

征子有利

征吃直至棋盘边缘

错误的打吃方向

征子不利

白▲发挥作用

征子是棋盘上很常见的招法，但是计算征子时，一步都不可算错，否则会面临巨大损失。

右图是一盘与征子直接相关的职业对局。

黑 7 之后白棋直接投子认负了，你能看明白是为什么吗？

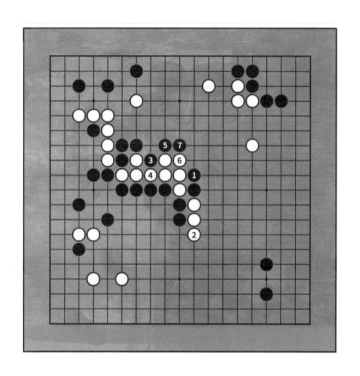

日本第 55 届本因坊挑战赛　第一局
赵善津执黑 59 手胜王铭琬

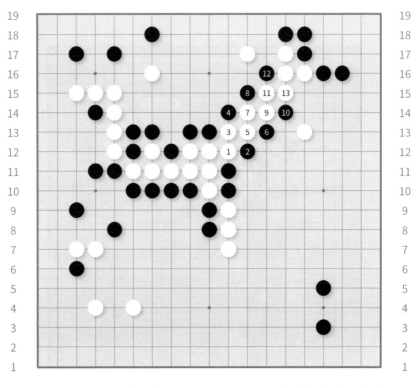

　　右上白棋阵势雄厚，乍一看是引征的一道好屏障，所以当黑棋以征子相威胁时，执白的王铭琬不以为意，不料……如果征子正常进行，则白棋全军覆没。

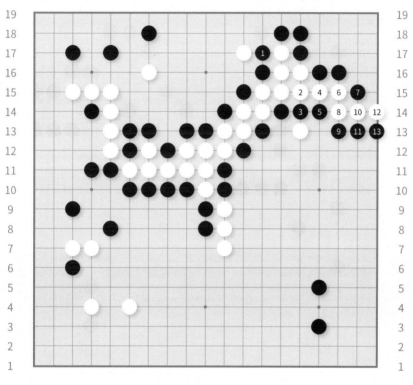

接下来换个方向。

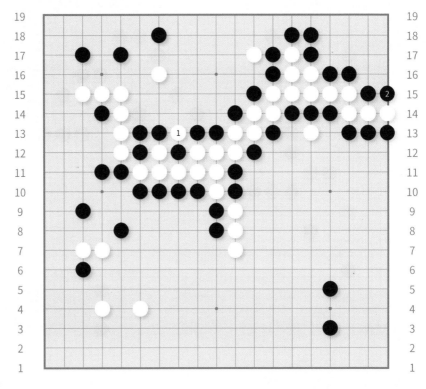

最后白棋接不归。

第4天

建立主基地

——眼和死活

真眼和假眼

　　「眼」是围棋中非常关键的概念。一块拥有「气」的棋能暂时留在棋盘上，但一块拥有「两只真眼」的棋则可以永远生存于棋盘上。

　　下图展示了位于边、中腹、角的「真眼」和「假眼」的形状。

　　这里也需要大家先回忆一下此前提到过的「禁入点」的概念，白棋无法下在被黑棋围住的 ✖ 点里，换言之这个点就是白棋的禁入点。

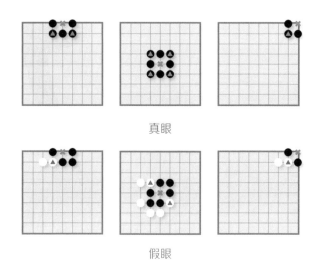

真眼

假眼

　　反观上图的「假眼」合集，这里的黑棋同样将 ✖ 位围住，可这次被围住的交叉点其实并不能起到和真眼一样的作用，原因请看右图。

根据规则，白棋的确不能直接落子在假眼中，但白可以先下在 1 位打吃，这个时候由于黑▲的棋子仅仅剩下 1 气，假眼处也就不再是白棋的禁入点。

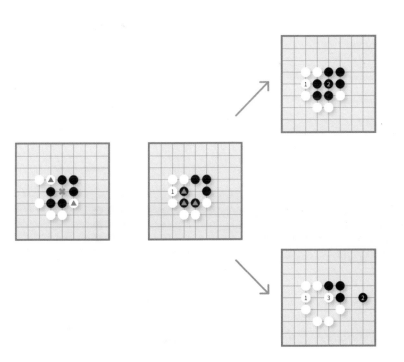

　　接下来黑棋只能被迫连接，否则将会被白棋提掉，这就是「真眼」和「假眼」最为决定性的区别。

有一个小技巧大家可以检验一下，此处我们将边、中腹和角上真眼的对角线用▲标出。

如果眼的对角总数被对手占据了不少于一半，那么这只眼一定是假眼。

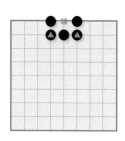

使用这个小技巧来进行练习一定会事半功倍！

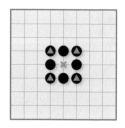

死棋和活棋

了解真假眼的概念后，我们可以进入下一环节，也是围棋中最重要的一环——「死棋和活棋」，简称「死活」。

前文提到了有「两只真眼」的棋可以永存于棋盘上，这个逻辑其实是与「气」和「禁入点」息息相关的。

我们先看下图中的几块活棋，用 ✖ 标出的位置是黑棋的「眼」，而这些「眼」恰恰也是白棋的「禁入点」。

熟悉禁入点的同学可能会好奇：「是不是有些眼也可以被提起来？」

这个说法是正确的，因为一旦对手的棋下在「眼」里可以进行提子时，那么这个「眼」就不再是禁入点了。

这也就解释了为什么一块棋在拥有「两只真眼」的情况下永远不会被吃掉：如果一块棋有两只真眼，这块棋的两只眼就可以被当作两个禁入点，其实也就是 2 气；因为规则只允许每回合下一手棋，所以只要己方不主动把自己的真眼填死，对方就永远无法提掉这块棋，这就是「两眼活棋」的原理。

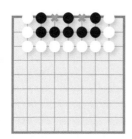 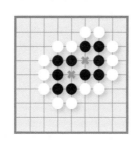 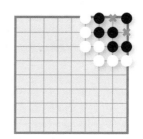

一般情况下，当一块被包围的棋没有两只真眼时，这块棋既无法逃脱，又不具备永久生存的条件，这块棋就称为「死棋」。

下图中的黑棋被白棋牢牢包围，白▲起到了阻止黑棋做成第二只「真眼」的效果，所以这种情况下黑棋只有 ✖ 一只「真眼」，最终只能被白棋吃掉。

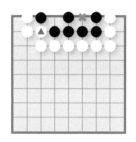 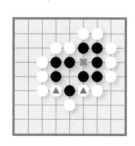 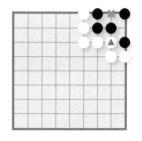

做 一 做

请判断,哪些是活棋?

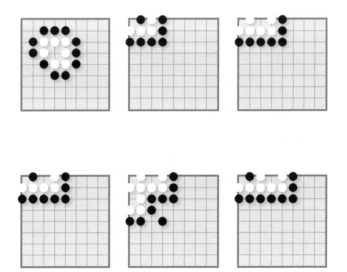

基本死活型

在棋盘中，有很多具有代表性的被包围的棋形，称为「基本死活型」。

对于这些棋形，被包围的一方有三种结局：

1. 死——即使己方先下，仍然没有两只真眼；

2. 活——即使对方先下，仍然拥有两只真眼；

3. 不确定——己方先下，拥有两只真眼；对方先下，没有两只真眼。

这三种结局，称为棋形的「死活情况」。

如果一块做出两只以上真眼的棋，当然也是完美的活棋。

右图中有十二块被包围的黑棋，就是十二种基本死活型：

第一列的上中下三个基本死活型，分别称为「直二」、「直三」和「直四」；

第二列为「弯三」、「弯四」和「闪电四」；

第三列为「方四」、「丁四」和「刀把五」；

第四列为「葡萄六」、「梅花五」和「板六」。

它们各自的死活情况如下表所示：

直二	死型	弯三	不确定	方四	死型	葡萄六	不确定
直三	不确定	弯四	活型	丁四	不确定	梅花五	不确定
直四	活型	闪电四	活型	刀把五	不确定	板六	活型

以上关于死活情况的结论，是通过推算得出的。

所有基本死活型的内部空间连成一体。成为活棋的关键，是将有限的空间分成独立的两部分。这个列表是为了让大家快速对这些常见死活棋形有个基本概念，我们将在后续章节中继续介绍这些死活棋形。

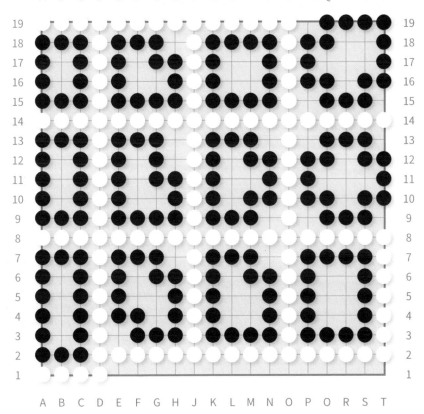

　　如果你能自行判断以上十二型的死活，那么你已经有 15k（业余 15 级）的死活水平了！

　　正确答案将在第 5 天揭晓。

所有的杀棋都是「封锁＋破眼」的二合一逻辑，并且以破掉对方的眼位为核心。这一点，就算顶尖棋手的对局也不会例外。让对方的眼位变成假眼，这在以"屠龙"决定胜负的对局中犹如一剑封喉。

1962 年的日本第一期名人战，藤泽秀行在对阵坂田荣男的比赛中，就曾用一手「凌空飞卡」，将对手大龙的眼位卡成了假眼，从而一举"屠龙"获胜。

如右页图谱所示，棋局下到此时，黑棋全盘的实空已经不够，但却拥有很多厚势。所以黑棋考虑到正常的收空已经不能争胜，遂决定利用全盘的厚势，强行杀掉白棋大龙（ ○ 标注的白子 ），以大龙死活赌胜负。

黑 117 卡，将白棋关键的眼位变成假眼，白大龙就此无法再做出两眼，只能挣扎出逃。最终，黑棋借助四周援兵，对白棋完成合围，白大龙被团团围困并且无法做出两只真眼，被黑棋全部吃掉，黑棋也就此获得了本局的胜利。

这一届比赛，藤泽秀行最终力压坂田荣男获得冠军，成为了日本历史上第一个靠着现代比赛决出的名人。一名棋手踏上棋坛巅峰的名人之位，是从一手卡住假眼开始的，这充分说明了破眼在围棋中的重要性。

1962 年 日本第一期名人战
藤泽秀行执黑"屠"掉坂田荣男一条大龙

作为观众，这招的杀气也刺到了我！

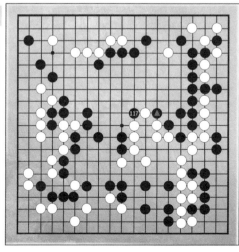

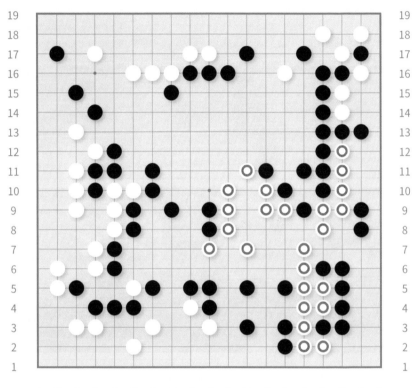

　　现在黑棋想要杀掉白棋所有带 ○ 标记棋子组成的大龙。要杀棋就要破眼，破哪里的眼呢？藤泽棋圣给出了经典的答案：

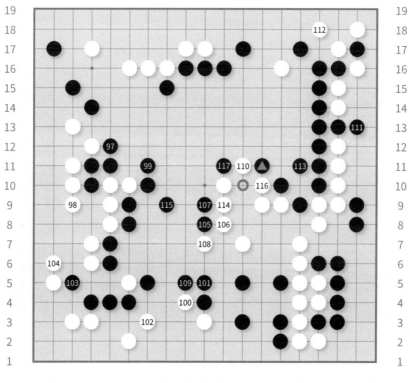

　　黑 117 卡眼，和黑▲一子一起卡住了眼位，占据了这两个点之后，○ 标记的空位已经成了一个假眼，白棋大龙竟然因此被屠。

第5天

——基地蓝图——做活和杀棋1

死活棋的基本结局

死活棋，顾名思义，就是与一块棋的「死活」相关的题目。

死活棋有三种基本结局：「净活」、「净死」和「打劫」。其中「打劫」是一个全新而复杂的概念，在死活棋中称为「劫活」或「劫杀」，这一部分内容将在第 8 天详细阐述。

死活棋的基本棋形

下面几幅图为死活棋中最基础的 11 种棋形，最终的结果都是净活或净死。

其中「直四」「弯四」「闪电四」「板六」是已经确定的活型；

「方四」是唯一的死型，而剩下棋形的死活状态完全取决于谁先下。

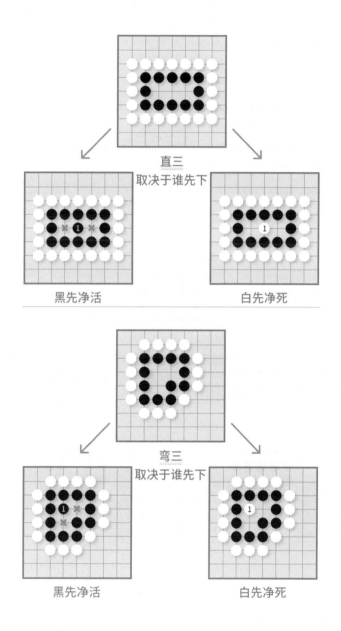

直三
取决于谁先下

黑先净活

白先净死

弯三
取决于谁先下

黑先净活

白先净死

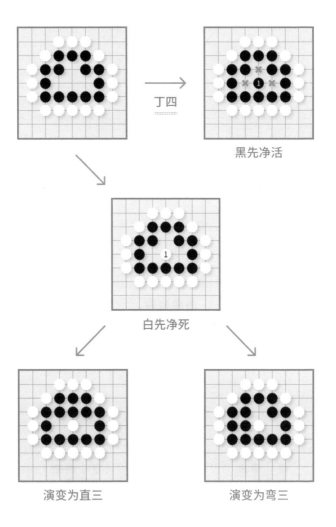

丁四

黑先净活

白先净死

演变为直三　　　　　　演变为弯三

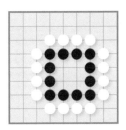

方四，不论哪方先下，白棋点入后都变为弯三，黑棋净死

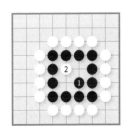 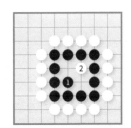

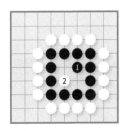 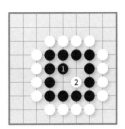

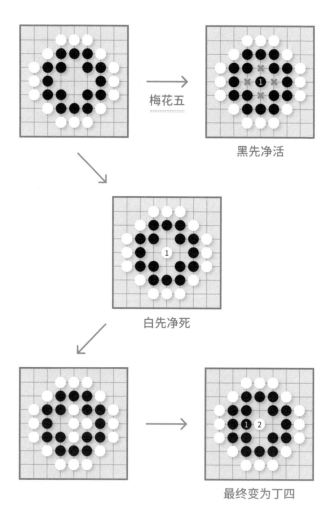

梅花五

黑先净活

白先净死

最终变为丁四

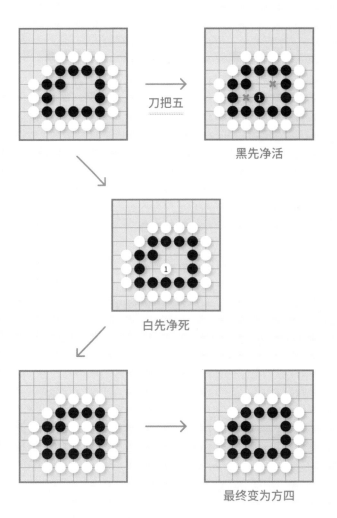

刀把五

黑先净活

白先净死

最终变为方四

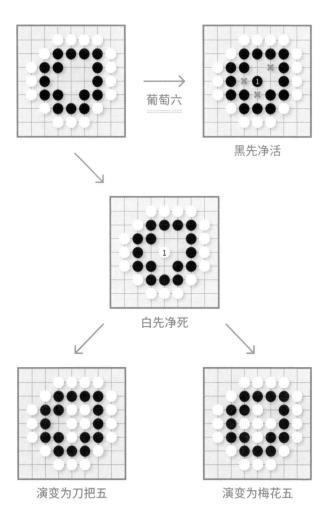

葡萄六

黑先净活

白先净死

演变为刀把五

演变为梅花五

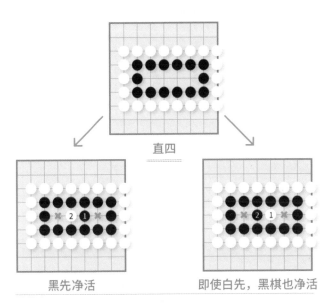

直四

黑先净活　　　　　　即使白先，黑棋也净活

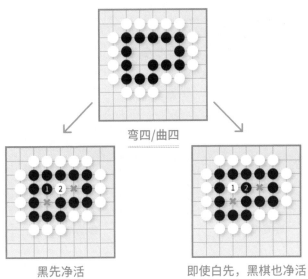

弯四/曲四

黑先净活　　　　　　即使白先，黑棋也净活

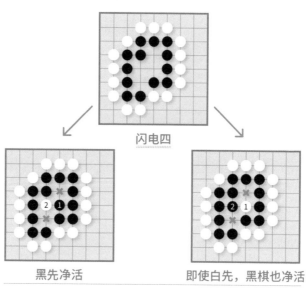

闪电四

黑先净活

即使白先，黑棋也净活

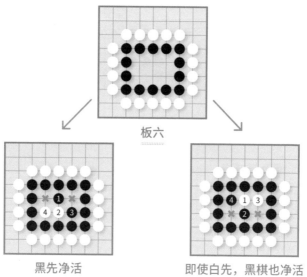

板六

黑先净活

即使白先，黑棋也净活

通过观察上面的棋形我们能发现一些有趣的规律：

空间较大的棋形通过演变，一定会变成「直三」或「弯三」的形状。

做 一 做

黑先，请阻止白棋做成两只眼。

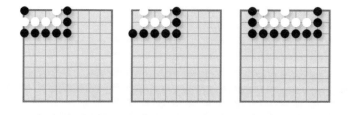

请救活黑棋。

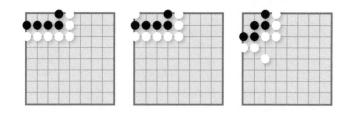

劫 活 和 劫 杀

「打劫」是围棋中一种关键手段，在高水平的对局中常常会出现。学习如何打劫必须要从了解其特殊的规则开始，右图展示了一个打劫的基本例子。

黑白双方在中间形成对峙，白▲一子处于「被打吃」状态，这时候黑1提是完全符合规则的，这手棋也称作「提劫」。

那么白2可以立即提回来吗？这时候需要我们特别注意了——规则中不允许在对方提劫后立刻把「劫」提回来，原因我们可以顺着图找到。

如果黑3也像白2一样提劫，那么这局棋将进入一个无限循环，永远无法终局。正确的下法是在对方提劫后，先等待一个回合后再将劫提回，也就是说在这个回合己方只能在棋盘上的其他区域下一招棋，例如下图中的白2和黑5。

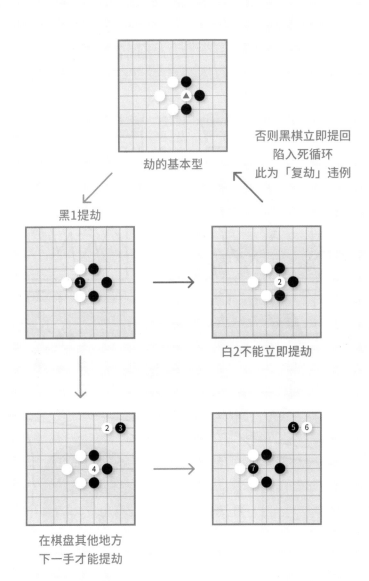

劫的基本型

否则黑棋立即提回
陷入死循环
此为「复劫」违例

黑1提劫

白2不能立即提劫

在棋盘其他地方
下一手才能提劫

打劫是高手对决中最刺激、最烧脑的环节，偶尔也会有棋手因思考过度而失误的。

1988 年，在第 36 期日本王座战的决赛第一局中，由武宫正树挑战卫冕王座加藤正夫。在棋局即将告终之际，武宫正树居然在对手提劫之后直接提回，导致犯规。

如右图所示，白 1 提劫后，执黑的武宫正树本应在其他地方找劫材，若白棋也在其他地方应一手，接下来黑棋才能在图中黑 2 位落子，双方继续打劫。然而在实战中，武宫正树竟然鬼使神差地跳过了找劫材的步骤，直接用黑 2 提回来了，因此也就违反了提劫的规则，遭到直接判负。

其实如果武宫正树不犯规，正常收官的话，白棋是打不赢这个劫的，最终黑棋将会半目获胜。但因为武宫正树忽然不可思议地犯规，执白的加藤正夫在已经输定的情况下，忽然"捡"到了一场胜利，在整个决赛中获得了 1∶0 的领先地位。

也许是因为以这样的方式输掉首局而遭到了打击，武宫正树在接下来的比赛中状态不佳，又连续输掉了两局。于是，卫冕冠军加藤正夫最终就以 3∶0 的比分战胜了挑战者武宫正树，保住了自己手中的桂冠。

对局中保持平常心是最重要的，越是平静，越会下出自己满意的棋。

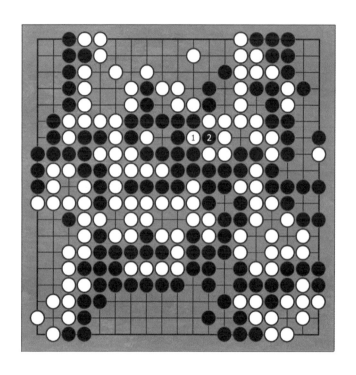

第 36 期日本王座战决赛　第一局
武宫正树直接提劫

在了解了打劫的概念后，搞清楚为什么会出现打劫是非常重要的。

右图是打劫在死活棋中的一个具体应用，黑棋先手。

白方希望通过打劫做活，而反过来黑方则希望通过打劫吃掉白棋，这就是打劫形成的过程。

当然，本小节我们引入的只是打劫的概念，关于打劫的详细流程与策略我们将在后面的章节继续介绍。

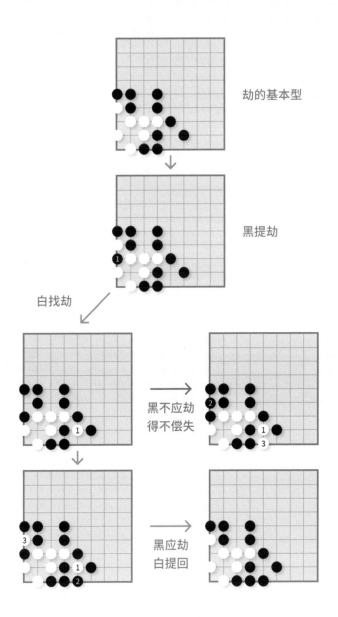

劫的基本型

黑提劫

白找劫

黑不应劫
得不偿失

黑应劫
白提回

死 活 棋 的 基 本 术 语

与眼相关的术语——做眼和破眼；

与劫相关的术语——做劫和开劫。

做眼和破眼

「做眼」和「破眼」两种手段在右图中都体现得较为直接。实际上做眼和破眼也是十分广义的，任何增加己方眼位和破坏对方眼位的手段都可以称为做眼和破眼。

做劫和开劫

右图下方的棋形依旧可以归为打劫的应用一类。

黑棋先下要求做活的时候，用到的手段称为「做劫」；

白棋需要杀棋时的手段则称为「开劫」或「扑劫」。

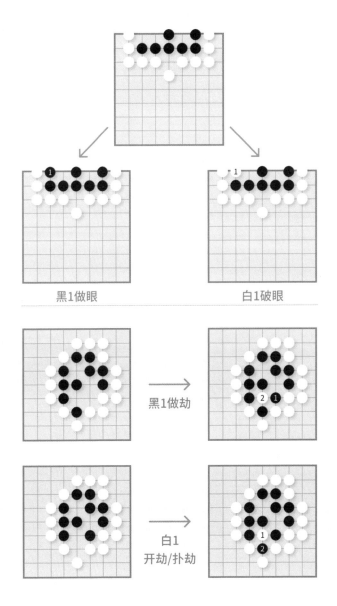

黑1做眼

白1破眼

黑1做劫

白1
开劫/扑劫

第6天

—— 基地蓝图

—— 做活和杀棋 2

做活的基本思路

做活的目的是做成两只真眼。对于己方被包围的一块棋，如果对方用于包围的棋子气数不多，我们就可以考虑利用「不入气」或「打吃」来做活。

如果对方没有这种弱点，则可以对自己现有的内部空间进行规划，「向外部扩大」或「从内部划分」。

利用不入气做活

右图上方黑 1 是一石二鸟的好棋，这招棋既能做出下方的眼，同时还让白棋因为不入气的原因没办法走在▲位破眼，如果白棋强行破眼则会被黑棋提掉。

利用打吃做活

右图下方黑棋身陷重围，但这时候黑 1 打吃是绝对先手，待白 2 粘后黑 3 可做成两眼从而成为活棋。

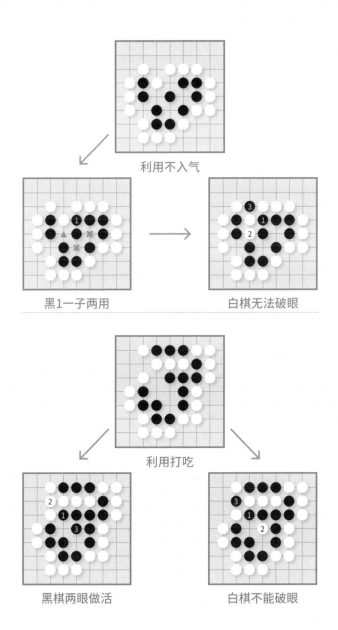

利用不入气

黑1一子两用　　　　　白棋无法破眼

利用打吃

黑棋两眼做活　　　　　白棋不能破眼

向 外 部 扩 大 眼 位

　　当对方用于包围的棋子没有以上两种弱点时，就要考虑合理分配现有的内部空间。如果自己的内部空间没有完全封闭，那么这时候堵住缺口的同时将内部空间扩张到最大是很常用的策略，也称为「扩大眼位」。

　　右图上方黑棋在边上已经有了一定的做活空间，但此时这个空间并没有完全封闭。黑 1 扩大眼位是此时唯一的正解，不仅充分体现了「将空间扩张到最大」，同时结合了我们之前学到的「板六」活型。如果这种情况下选择「扩大眼位」以外的方式做活，那么很可能会出现内部空间不够做出两只眼的局面。

从 内 部 划 分 空 间

　　除了扩大眼位之外，「划分」内部空间也是十分重要的。

　　右图下方黑棋被困在角上，此时内部的空间也十分有限。下左图中黑 1 将有限的空间一分为二，巧妙地做出了两只眼；如果像下右图中那样简单地连接一子，白 2 破眼后黑棋将因为整体只有一只眼而无法成活。

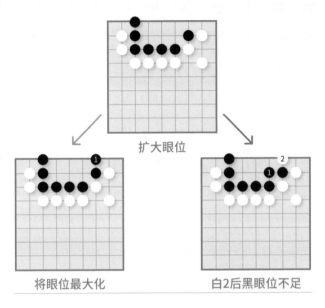

扩大眼位

将眼位最大化

白2后黑眼位不足

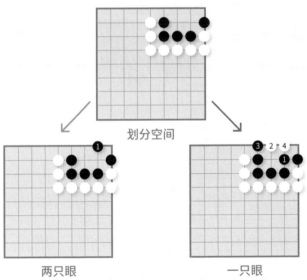

划分空间

两只眼

一只眼

杀棋的基本思路

　　杀棋与做活的思考方式其实十分相似，如果对方被包围的棋子中的一部分有「气紧」的弱点时，可以利用「不入气」或「打吃」来杀棋。

　　如果对方没有这种弱点，我们就可以对对方现有的内部空间采用「从外部缩小」或「从内部阻止划分」的方法来杀棋。

利用不入气杀棋

　　「不入气」的特性同样可以用于杀棋。

　　右图中白棋在右侧已经形成了一只确定的眼，这时候黑棋只能想办法将白▲处的第二只眼破坏掉。黑1「扑」利用白棋气紧的特性形成「不入气」，白棋不论是粘或提都没办法阻止第二只眼被黑棋破坏。而上右方失败图中的打吃则是非常平庸的招法，对白棋构不成任何威胁。

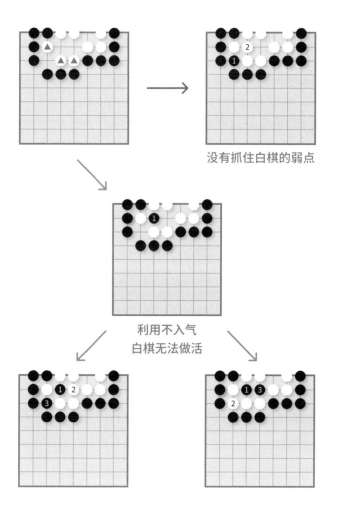

没有抓住白棋的弱点

利用不入气
白棋无法做活

利用打吃/断点杀棋

右图中的白棋似乎已经形成了「弯四」，按照我们之前学习过的知识推断，黑棋很难吃掉白棋。但我们通过仔细观察可以发现上方的两颗白▲只有两口气，这就使得白棋的棋形大大区别于正常的「弯四」。此时黑棋可以通过「打吃」的先手威胁迫使白2连接，然后黑3破眼后形成「直三」的棋形。

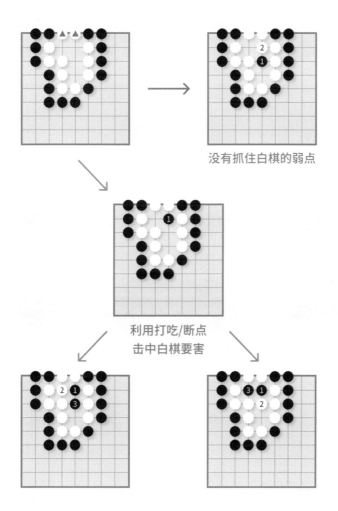

没有抓住白棋的弱点

利用打吃/断点
击中白棋要害

从外部缩小眼位

右图的白棋已经形成了一定的做眼空间。黑1选择从外部「缩小眼位」是正确的下法，白2提、黑3点后形成「刀把五」。

如果像失败图中从内部先下手的话，结果将会形成打劫。

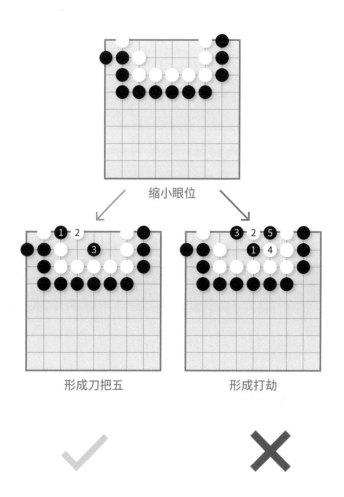

缩小眼位

形成刀把五

形成打劫

从内部阻止划分空间

　　右图的白棋形成了类似「丁四」的棋形。碰到这类棋形时，通常会采取黑1「点」的下法，这招棋成功阻止了白棋对内部的空间进行划分。

　　错误图中黑棋采取了「缩小眼位」的策略，但白2做眼后黑棋已经没办法阻止白棋形成第二只眼。

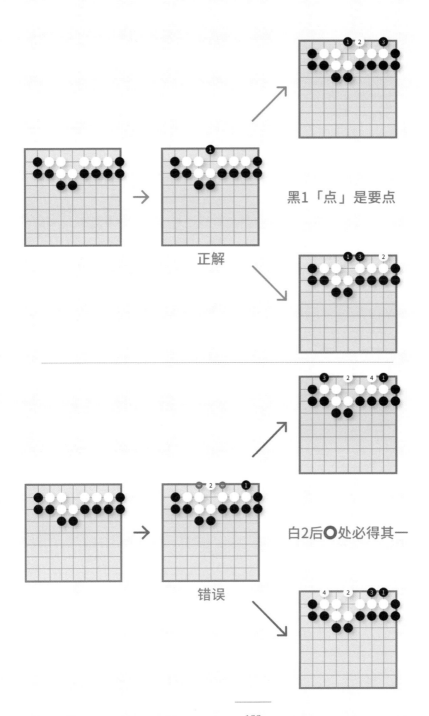

黑1「点」是要点

白2后〇处必得其一

正解

错误

盘 龙 眼

「盘龙眼」这个词即使对围棋高手来说也很陌生，其实它有另外一个名字——「两头蛇」，也就是通常所说的「假眼活棋」。这样的棋形出现的机会虽不大，但十分有趣。首先我们来看一道经典死活题——《围棋发阳论》第8题，这道题就是典型的利用「两头蛇」活棋。

此题具体的变化我们不多做介绍了，只看结果图吧。

外面气都紧住之后，我们发现黑棋虽然看似有两只假眼，但是在外面绕了一圈之后连成了一块棋，黑棋居然活了！

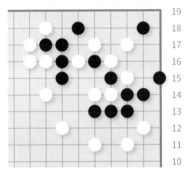

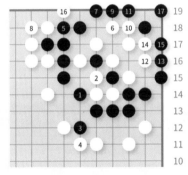

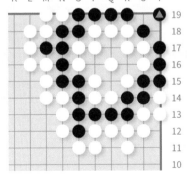

第1天

—— 火线冲突
—— 对杀技巧1

对 杀 和 气

　　黑白双方各有一块棋互相包围，各自又都不能做成两只真眼，只能通过吃掉对方来救活自己，这种情形称为「对杀」。对杀中，只要先将对方变成 0 气，就可以提掉对方，取得对杀的胜利。因此，英文称对杀为「比气竞赛」（capturing race）。

内 气 、 公 气 和 外 气

　　两块棋形成对杀后，气的情况大致可以分为三种：

　　如果一口气存在于一块棋的真眼内部，这口气称为这块棋的「内气」；

　　如果一口气既是己方的气也是对方的气，那么这口气则是双方的「公气」；

　　最后一种情况则是「外气」，即一口气既不是内气也不是公气，那么这口气可以归为这块棋的「外气」。

　　在右图中我们能清楚地看到这几种气的差异。

　　✖ 标注的点，是「外气」，▲标注的点位于真眼内，是「内气」，■标注的则是双方共享的「公气」。

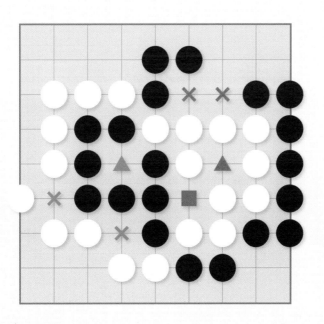

对杀的常见结果

　　对杀在实战对局中经常出现，过程可繁可简，结局也多种多样。对杀的常规结果，共有三种：「一方获胜」「双活」「打劫」。

你死我活：一方获胜

　　对杀中的一方无条件取得胜利的结局，称为「一方获胜」，这种对杀的结果非常直接，即气多的一方获胜。在两方都没有眼、没有公气，且外气相同的情况下，先下的一方将取得对杀的胜利。

　　右图的例子中，黑白双方没有公气，各有 2 口外气。轮到黑棋先下的结果是黑棋快 1 气，如果是轮白棋先下，结果则是白棋快 1 气。

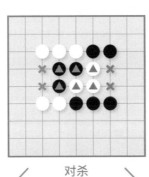

对杀
外气数量相同

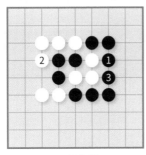

黑先黑胜

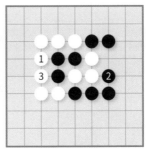

白先白胜

和平共处：双活

在有公气的情况下进行对杀，情况往往变得更为复杂。在双方没有眼的情况下，如果双方外气数量的差距不是很大，并且最少有2口以上的公气时，对杀的结果就会进入双方都无法杀死对方的状态，也称作「双活」；如果双方都有真眼，外气情况接近，且最少存在1口公气的情况下，对杀的结果也往往是双活。

右图上方是「无眼双活」部分，黑白双方各有2口公气。无论是黑棋还是白棋，都不敢在公气■的位置落子，因为这手棋虽然减少了对方1气，但也减少了自己1气。这种情况下，填公气的一方会被对方先提掉。

「有眼双活」部分的情况与「无眼双活」十分接近，黑白双方各有1只眼和1口公气，同样，填公气的一方会被对方先提掉。

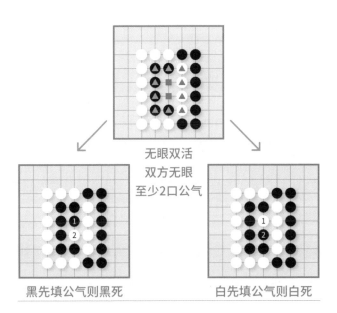

无眼双活
双方无眼
至少2口公气

黑先填公气则黑死

白先填公气则白死

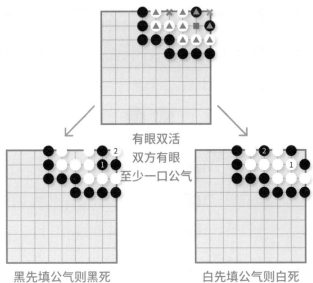

有眼双活
双方有眼
至少一口公气

黑先填公气则黑死

白先填公气则白死

名存实亡：假双活

对杀中，除了两块被包围的黑棋和白棋之外，如果包围圈的其他部分已经被吃，那么这两块棋形成的双活是「假双活」。

在下图中，如果只看角上的四颗黑子和三颗白子，双方没有外气和内气，只有２口公气，符合双活的条件。然而，R4 和 S4 的两颗白子已经被黑棋吃住，无法逃出。当这两颗白子被提掉之后，我们会发现右边的三颗白子只是单纯地被黑棋包围，自动死亡。虽然黑棋不能立刻在▲ S1 或▲ S2 落子，但右边的三颗白子显然已经是名存实亡，只是三颗死子而已。

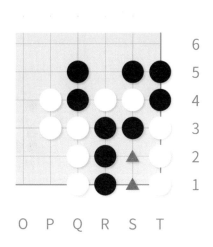

做 一 做

为使黑棋在对杀中获胜，请紧白棋的气。

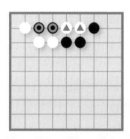

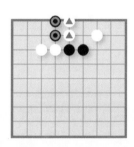

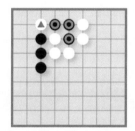

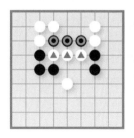

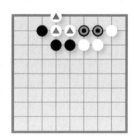

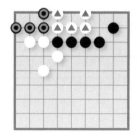

对杀前的准备工作：
紧气、延气和撞气

在激烈的对杀中想要抢先提掉对方的棋子，每下一步棋都必须对己方或对方的气产生影响。这里有三种能对气产生直接影响的策略——「紧气」「延气」「撞气」。

大家在学习提子的时候已经接触过很多「紧气」的下法，「紧气」是指减少对方的气，其实也可以说是提子的过程。剩下两种手段在对杀中同样会起到极大的作用，尤其是「延气」。很多时候直接紧气并不足以击败对方，那么这时候就要采取先「延气」的策略，先将己方的气延长后再进行紧气。

右图上方的棋形中，▲标注的五颗黑子有 5 气。如果直接与白棋进行对杀，结果将会对黑棋不利。黑 1 是「延气」的手段，与白 2 交换后黑棋已经不知不觉增加了 1 气。大家可以演算一下此时再与白棋进行对杀的结果，是不是黑棋成功反败为胜了呢？这里有一个「延气」的小技巧——尽量在空间更大的地方尝试延气。失败图中的黑棋选择了不同的方向，结果并没有起到实际作用。

最后一种手段称作「撞气」。「撞气」指的是使自己气减少的下法，十之八九这种下法会带来副作用，在对杀中不要轻易使用。右图下方是「撞气」的例子，黑白双方各剩下 3 气，这时候黑棋只需要正常紧气即可获胜。如果像右边分支中的黑 1 试图冲出包围圈，那么白 2 挡住后，其实黑棋已经自撞了 1 气，对杀的结果也就此逆转。

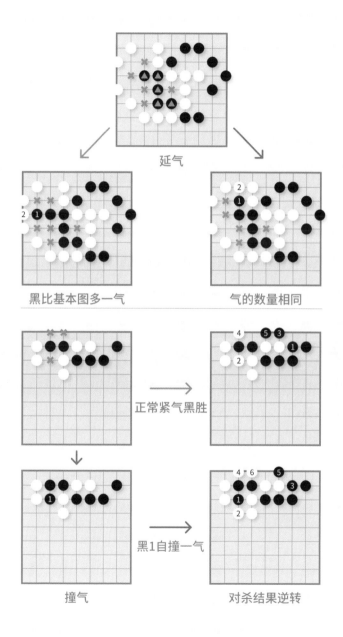

延气

黑比基本图多一气 气的数量相同

正常紧气黑胜

黑1自撞一气

撞气 对杀结果逆转

陷入争端：紧气劫

在对局中，与打劫相关的对杀也是十分常见的。

例如右图的棋形中，双方都各只有１口外气，这种情况下打劫的部分称为「紧气劫」。「提劫」的一方会使己方增加１气，但同样对方也有机会将「劫」提回来。这样的情况下，这个劫争将直接决定对杀的结果。

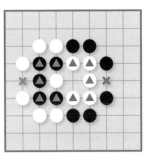

对杀中的打劫

打劫决定对杀结果

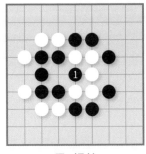

黑1提劫

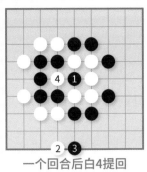

一个回合后白4提回

垂死挣扎：缓气劫

「缓气劫」与「紧气劫」都可以归为打劫一类，但其中有着很大的区别：

「紧气劫」双方在提劫之后，无论是哪方都只需要再花一手棋即可解消劫争；而「缓气劫」中气少的一方提子后还要继续紧气才能达到紧气劫的状态。

右图上方的缓气劫，除打劫的棋形外，黑棋有 1 气，是内气，白棋有 2 气是外气，黑棋比白棋少 1 气。轮到黑棋下，黑棋的下一步只能在▲的位置提子。黑棋提子后，白棋可以选择在其他地方落子，待黑棋紧住白棋外气后，白再提劫，才是紧气劫。想要取得缓气劫的胜利，需要多花费一步棋，代价变大。这里黑棋气少还能打劫的原因是黑棋有一只真眼，白棋在打劫胜利之前不能在真眼中的禁入点落子。

图中黑棋需要紧气 1 次变成紧气劫，称为「缓一气劫」。需要紧气几手棋让这个劫变成紧气劫，就是「缓几气劫」。一般来说「缓三气」或更多气的劫，由于弱势的一方杀死对方需要投入的手数过多，所以这类打劫并不能构成很大威胁。这种垂死挣扎的打劫方式也被戏称为「赖皮劫」。

短期停战：万年劫

「万年劫」的形状是打劫和双活的结合体。右图左下角的「万年劫」，如果白棋先下，可以选择在▲的位置接住形成双活，也可以选择下在 D1 或 D2 点形成紧气劫，也可以选择不下。如果黑棋先下，黑棋要先在▲的位置提子。提子后，白棋如果选择不回应，黑棋可以选择下在 D1 或 D2 点形成紧气劫，也可以选择不下。两种状态下，双方都可以选择不下，不慌不忙地僵持着，如同进入短期停战状态。最终，万年劫会在黑棋开劫、白棋开劫或白棋接住三种下法之一后走向紧气劫或双活的结局。

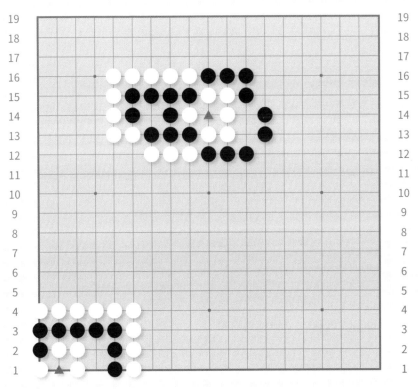

对杀的特殊结果

　　除了三种基本对杀结局之外，对杀也有一定的概率走向神奇的「特殊结局」，包括陷入僵局的「长生」「三劫循环」「四劫循环」。这些特殊结局在对局中出现的概率是极低的，但也恰恰体现了围棋的精妙之处。

　　右图的三种棋形，分别是对杀的长生劫、三劫循环和四劫循环结局，这类形状往往会将棋局导入「无胜负」的对局结果。

　　左上角的「长生」，黑棋的内部空间有四颗白子，如果不做回应，下一步白棋在▲处落子，形成「刀把五」将黑棋击杀。因此，黑棋必须立刻在▲处落子，白下A15提子，黑下A16提子，白下A14破眼，都是必然进行。经过四步棋之后，局面又回到了图中的状态。如果双方都不退让，那么棋局将形成死循环，判为「无胜负」。

　　中间的「三劫循环」，双方都没有外气和公气，只有三个打劫的棋形。此时轮到黑棋下，黑棋可以选择另外两个劫其中的一个劫提回来，比如下在▲处，而后白棋提走最上边的黑子，黑棋再提走最下边的白子。这种情况下，双方都能不违反规则完美提劫，棋局也就自然形成了死循环，判为「无胜负」。

　　右上角「四劫循环」的棋形概念与「三劫循环」完全相同，双方都可以不违反规则地进行无限提劫，因此四劫循环也是死循环，判为「无胜负」。

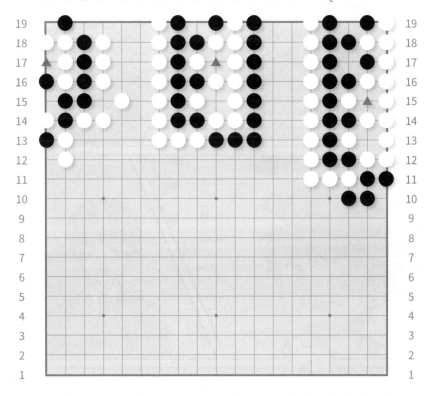

打 劫 之 名 局

　　打劫，在中国古代有「千劫万变」之说，自古至今都是围棋中最复杂的内容，其中三劫、四劫循环，可说是万局难遇。

　　2005 年，中国围棋已经经历了韩国围棋长达十年的压制，在长久的黑暗之后，大家都在渴望着曙光。在这一年的三星杯中，罗洗河九段就用一场复杂的打劫取胜，给中国棋坛带来了曙光。

　　在半决赛与韩国棋手崔哲瀚的决胜局中，两人下出了少见的三劫循环。三劫循环本来是无胜负，应该重赛，但罗洗河九段出人意料地选择粘掉一个劫，毁掉三劫循环，强行和对手打劫转换！

　　如右图棋谱所示，因为黑棋先提劫，所以白棋是无法打赢这个天下大劫的。那么放弃了三劫循环，岂不是弃和取败之道？事实上并非如此。罗洗河九段在开劫之前，就已经算清了所有的转换结果。虽然从左下到中央一带，黑棋提掉了白棋 30 多个子，但白棋也在右边以及左上取得了很大的利益。最终双方收兵清点战果，黑棋惊讶地发现自己输了！

　　以复杂的劫争拿下这一局后，罗洗河九段闯入了三星杯决赛，并最终获得了冠军。这是中国久违的一个世界冠军，开启了中国围棋走向世界巅峰的序幕。

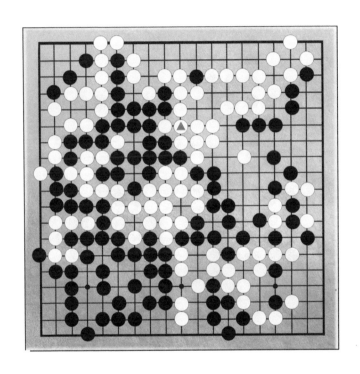

2005 年三星杯半决赛　三番胜负　决胜局

罗洗河放弃「三劫循环」，玉碎 23 子反胜七目半，成就「千古第一名局」

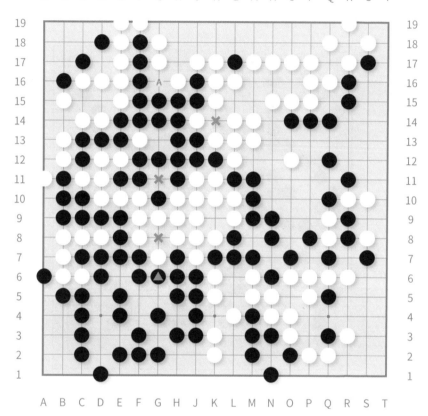

原本白棋落在 G16「A」位正常收气，黑白两块大棋将形成罕见的三劫循环！

按常规，本局将以无胜负终局。

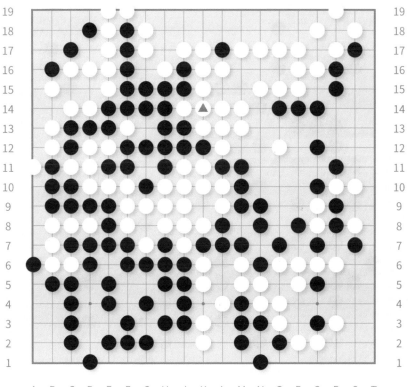

但是，屡屡出人意料的罗洗河又有惊人之举！

就在组织者已经开始商量加赛事宜时，罗洗河主动粘劫，让崔哲瀚提掉大龙！

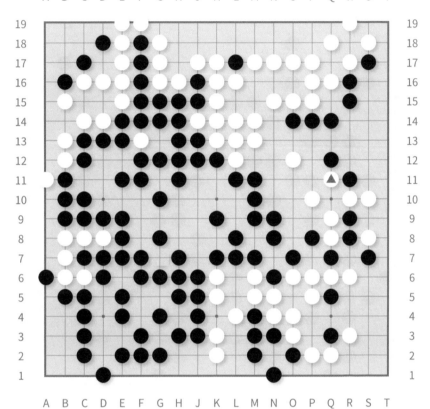

然后，罗洗河动手消除左上黑棋原来存在的劫活，同时攻击右上黑棋。

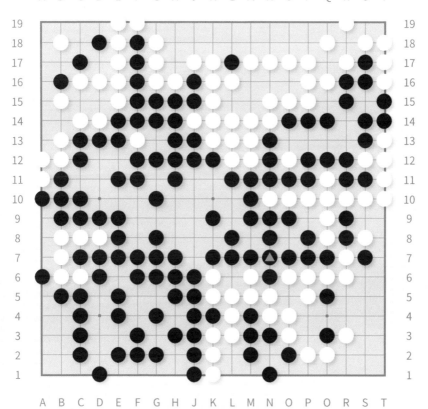

最终定型后，竟是白棋盘面多 1 目的大胜局面。

第8天

——火线冲突

对杀技巧2

对杀中气的判断

在前文的内容中介绍了对杀中的气分为「内气」「外气」「公气」三种，与气相关的有益手段包括「紧气」和「延气」两种。在这些知识的基础上，我们进一步介绍不同类型对杀中「气」所扮演的不同角色。

无公气对杀

如果对杀中的黑白双方没有公气，不论是否有真眼存在，这类棋形都统称为「无公气对杀」。「无公气对杀」中没有太多复杂的技巧，只需要遵循「先外气，后内气」的顺序进行紧气。无公气对杀的结果一定是气总和多的一方获胜。如果双方气数相等的情况下，则先动手的一方获胜。

右图中的3个例子全部属于无公气对杀，且双方气的数量相同。

大家可以自行运算一下黑先与白先的区别。

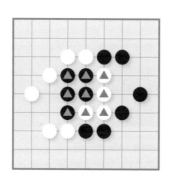

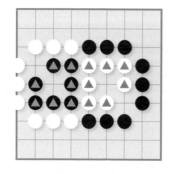

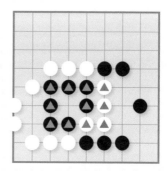

无公气对杀

内气＋外气＝气总和，气总和多的一方胜

双方无眼有公气

　　如果对杀中的黑白双方都没有真眼，但有公气，这种对杀称为「无眼有公气对杀」。在这种对杀中同样会采取「先外气」的策略，然后根据双方的外气情况来决定是否「填公气」。当公气只有 1 气时，无眼有公气对杀的结局是一方获胜，然而一旦公气大于等于 2 气时，对杀很有可能会以双活告终。

　　无论是以上哪种情况，如果反其道而行，采取「先公气，后外气」的下法，则会存在「撞气」后被对方反杀的风险。

　　右图的例子中，黑白双方都是 3 气，可以细分成 2 口外气 + 1 口公气。1 口公气的对杀并不会形成双活的棋形，在气的数量相同的情况下，先下的一方一定会获胜。值得注意的是，如果按照失败图中「先公气」，反而会因自撞 1 气后被对方先提掉。

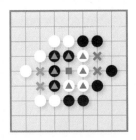

双方无眼且公气少于2口的对杀一定不会形成双活；
与无眼无公气相似，遵循「先外气，后公气」的顺序

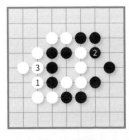

正解
先填外气

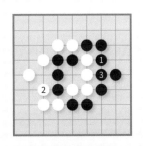

正常白先黑死

正常黑先白死

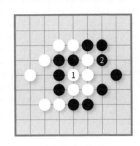

失败
先填公气

白先自填1气

黑先自填1气

右边的例子是判断「双活」时所用到的核心知识。如果公气数量超过２口，那么我们就需要进一步判断双方的外气情况，这类对杀通常以「双活」告终。

但也有例外情况，这里除了一步一步仔细推算之外，还有一个小技巧可以推荐给大家。我们先用外气数量多的一方减去外气数量少的一方，得出一个数字后再与公气相比较，如果得出的数字不少于公气数量，这次对杀最终将不会形成「双活」。

这么多的规则与技巧确实使得这类对杀听起来非常复杂，事实上大家在对局中仅需遵循一条核心规则——「将公气留到最后」，无论如何先紧外气都是没有坏处的。

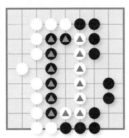

双方无眼且公气超过2口的对杀大概率形成双活;
是否形成双活取决于双方外气的情况

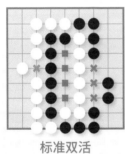

双方外气的
差大于等于
公气则不会
形成双活

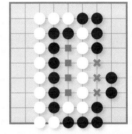

标准双活　　　　　　　　　白外气过多

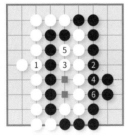

外气少的一方
需将公气留到
最后形成双活

正常余2口公气　　　　　　黑不能先填公气

双方有眼有公气

　　公气在有眼对杀中将发挥更大的作用。如果双方都有真眼，且有公气存在，那么最终形成双活的可能性会很高。区别于无眼对杀，形成双活的基础条件从2口公气降为了1口公气，也就是说，「双方有眼有公气」的对杀更容易形成双活。

　　右图是「双方有眼有公气」的对杀，表面上看黑棋4气，白棋3气，其中有2口公气。正常发展的情况下，虽然黑棋气更长，但由于双方有眼且有公气，最终还是会形成剩下1口公气的「有眼双活」。除非白棋不慎先填了公气，那样则会出现黑快一气的局面。

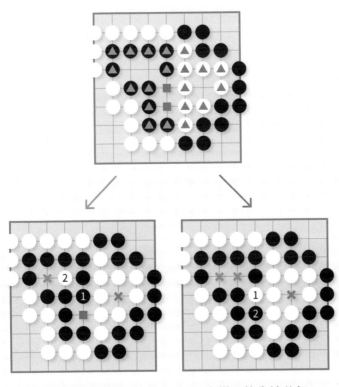

黑先正常双活　　　　　　　白棋不能先填公气

双方有眼有公气，最终形成剩1口公气的双活

单方有眼有公气

　　「单方有眼有公气」的对杀与之前学习的几种对杀都有一定的区别，公气在这种类型的对杀中起到了更加决定性的作用。

　　首先，「单方有眼有公气」的对杀时常会出现气少的一方反而获胜的局面；

　　其次，这类对杀中不论存在多少口公气，最终一定不会形成双活。

　　右图的例子充分地诠释了这其中的奥秘。因为有眼一方的「真眼」是1口内气，换个角度说这口内气在成为最后1气之前，也是对方的「禁入点」。此现象就造成了无眼一方如果想最终提掉有眼一方，那么「先填公气」这样的下法是不可避免的。而根据我们从之前的对杀棋形中学到的几处知识点，对杀的结果往往对「先填公气」的一方是十分不利的。

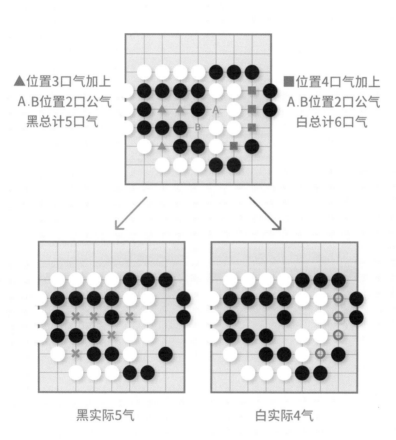

▲位置3口气加上
A.B位置2口公气
黑总计5口气

■位置4口气加上
A.B位置2口公气
白总计6口气

黑实际5气

白实际4气

表面上看，黑棋对杀似乎不利
然而在这类对杀中，公气直接归为有眼的一方

相信大家已经可以总结出，在计算这类对杀中的气时，可以用到的最有效、最直接的方法：有眼一方可以直接将公气划为自己的气总和中。例如上图中的黑棋就可以直接计算成 5 气，而无眼一方则无法共享公气，在这里计为 4 气。可以说公气在这个对杀中起到了扭转乾坤的作用。

　　下面的例子则演绎了有眼一方在这类杀气中的正确紧气次序。在这里有一条几乎适用于所有对杀的铁律——「先填公气」一定是吃亏的。所以有眼的一方如果先自填了公气，那就相当于自己将优势拱手相让于对方。

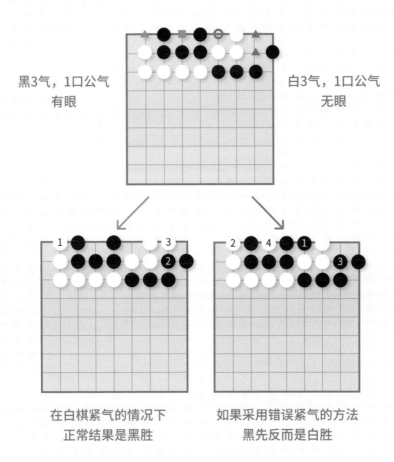

黑3气，1口公气
有眼

白3气，1口公气
无眼

在白棋紧气的情况下
正常结果是黑胜

如果采用错误紧气的方法
黑先反而是白胜

单方有眼对杀中，无眼一方并不能分享公气
对方无眼、己方有眼的情况下，有眼一方永远不要主动填公气

杀棋之名局

　　对杀，在围棋中属于你死我活式的拼刺刀对决。每当重大比赛中出现大规模对杀，不仅会让对局者和观众的神经都紧张到极点，也往往会促生出重大的历史时刻。

　　1926 年，本因坊秀哉和雁金准一，作为当时日本棋坛的两位最强者，分别代表日本棋院和棋正社——当时日本棋坛最大的两股势力，展开了一场赌上荣誉的对决。这盘棋历时 22 天，双方杀到完全眼红，互不相让之下，弈出了超大规模的对杀。

　　事实上，这是宿命般的对杀：秀哉原名田村保寿，和雁金准一本是本因坊门的师兄弟，但两人在青年时期因本因坊继承权一事决裂，本来握有师门遗命的雁金，被秀哉抢走了继承权，雁金从此退出本因坊门，两人成为一生的宿敌。而日本棋院建立以后，雁金又退出棋院，自组棋正社，和秀哉领衔的日本棋院对抗。

　　宿敌见面分外眼红，这盘棋就是在这样的氛围中开始的。序盘时在下方，执黑的雁金一定要全破白空，而执白的秀哉则定要全歼黑棋，于是双方下成了宿命般的大对杀。

　　左下角的大龙对杀，最终形成了对白棋极为有利的缓气劫，秀哉全歼黑棋，成就了「吃棋子的名局」。

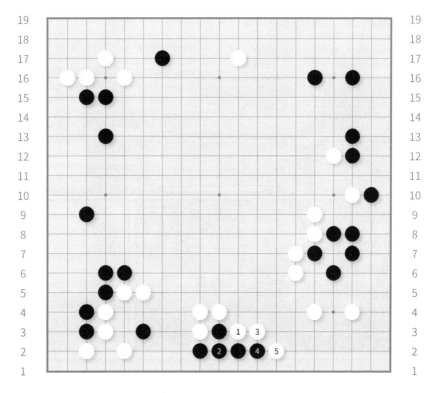

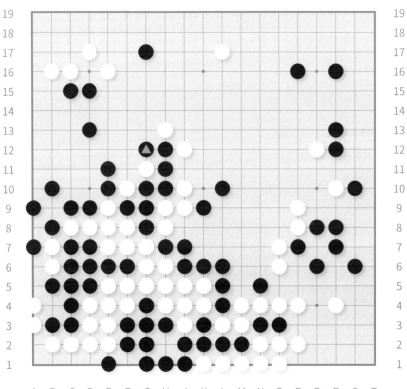

一谱肝肠断，天涯何处觅知音。

抱持不同立场的两位大棋手刀兵相见，留下此局，引人追思。

终 局 和 胜 负

在了解气、死活和对杀的知识之后，相信大家已经跃跃欲试，想完成自己的一盘棋了。下面的部分将介绍「对局结束」应该满足怎样的条件，以及如何判定对局的输赢。

终局条件：

当双方都认为棋局进行至双方领地的边界完全确定，不需继续落子，对局结束。

胜负和贴目：

对局结束时，取得更大领地的一方获胜。但为了抵消黑棋下第一步的先手优势，黑方的目数需要比白方多出一定的数量才能获胜。这个数量称为「贴目」。在判定胜负时，黑方的目数要首先减去贴目的数量，然后才能和白方的目数比较，来判定对局的结果。

根据中国的规则，贴目为 7.5 目；按照日本、韩国的规则，贴目为 6.5 目。

领地和目：

领地的计算单位是「目」，指被某一方围住的交叉点的数量总和。

右图使用的是 9 路棋盘，按照日本、韩国的规则，沿用 19 路棋盘的贴目，为 6.5 目，也就是黑方至少比白方多 7 目才能取胜。黑方共 13 目，减去贴目的 6.5 目后为 6.5 目，比白方的 10 目少 3.5 目。因此，对局结果为白胜 3.5 目。

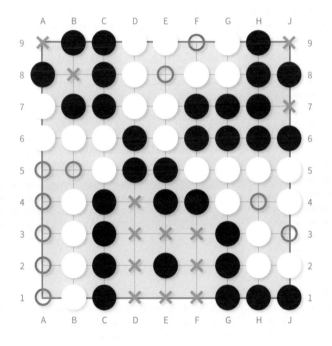

打劫与棋子效率

　　围棋最终比较的是双方领地的大小，所以在对局中，每一手棋都是以多占领一些领地为目标。一手棋在围空上发挥的作用越大，我们就说这手棋的效率越高。如果能在某个重要的局部连下两手棋，那么这两颗棋子的效率通常会成倍增加，这是理解打劫和棋子效率的基础。

　　例如右图的棋形中，黑 1 与白 2 交换后，白棋无条件做活，但黑棋没有围到空，效率很低。假如黑棋能在这一局部连下两手棋，那么黑 1、3 联动就能破眼吃掉白角。这在一人一手棋的规则下是无法想象的。很明显，黑 1 这手棋的效率因配合了黑 3 而大大增加。

　　同样，对于白棋占据的无忧角，一人一手棋的规则下黑棋不能伤及白棋，但黑 1、3 联动却可以贯穿白无忧角。

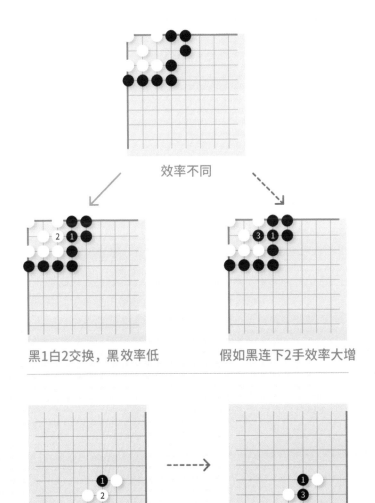

效率不同

黑1白2交换，黑效率低

假如黑连下2手效率大增

一人一手无法伤及白棋

黑1、3联动贯穿白无忧角

在实战对局中，对手一般情况下不会省略必要的应手，但我们的确有办法达到在局部连下两手的效果，这里我们依靠的就是「打劫」的手段。

打劫是实战中一种特殊的棋形，只要运用好，就能大大提升棋子的效率。

在右图上方的棋形中，黑棋必须同时控制 A、B 两点才能吃掉白角，但黑 A 则白 B，黑棋难以如愿。但黑 1 直接落子在 B 位，局部形成打劫，情况大有转变。黑棋只要赢得劫争后于 A 位落子，就可以同时控制 A、B 两点。

需要注意的是，黑扑劫后，白 1 立即提劫，黑 2 找劫。白棋同样可以通过打劫强行控制白 3 处的要点，如此进行，黑 4 贯穿白角，获得补偿。可以说，白棋的活棋是付出代价的活棋。

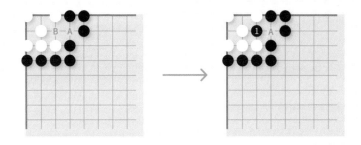

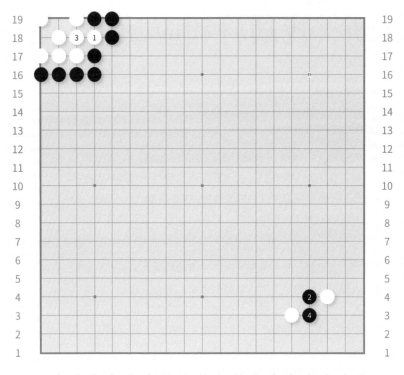

打 劫 的 常 用 术 语

　　除了之前已经学习过的「提劫」之外，打劫的流程中还会涉及其他一些术语，从「做劫／开劫／扑劫」开始，历经「找劫材」和「应劫」后，最终以「消劫／粘劫」结束。

打 劫 的 手 段：
提劫、找劫材和应劫

　　在「打劫」的棋形中提掉对方 1 颗子的手段称为「提劫」，可以参考右图上方的「黑提劫」棋形。

　　在一方提劫之后，规则并不允许另一方立刻把这个劫「提回来」，而这时候就需要采取「找劫材」的下法。「找劫材」具体是指在棋盘的另一处下一步能使对方受到威胁的棋，这步棋也就是所谓的「劫材」。如右图的右下角棋形中的白 1 打吃，这也是最直接的「找劫材」方式。

　　当对方「找劫材」时，为避免对方在找劫材的区域再下一手从而获取巨大利益，此时回应对方劫材的下法，称为「应劫」。右图下部左侧图中的黑 2 提掉白棋 1 子即为「应劫」的下法。在「应劫」后，「找劫材」的一方根据规则可以将劫「提回」，劫也就恢复了最初的形状。

　　通常情况下这一套打劫的流程会持续一段时间，直至其中一方主动终止劫争。

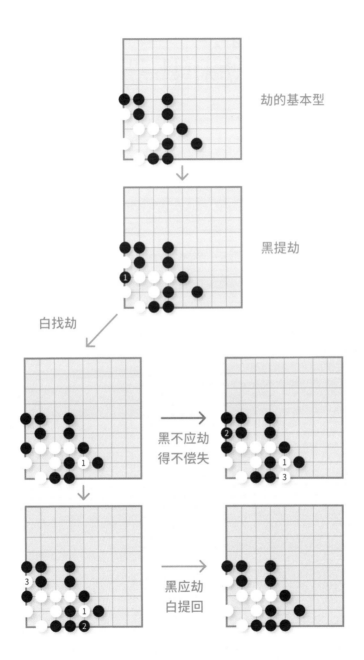

劫的基本型

黑提劫

白找劫

黑不应劫
得不偿失

黑应劫
白提回

打 劫 开 始：
做劫、开劫和扑劫

「做劫」「开劫」「扑劫」都是挑起打劫的方式，虽然这三种下法的概念非常接近，但在具体的操作上有一些细微的差别。

右图最上方的例子中，黑▲一子处于被打吃状态，这时候黑棋既可以选择连接一子，也可以像图中黑1一样「做劫」。

中间的例子中，由于黑▲四子已经形成了劫的形状，这时候黑棋从外面打吃形成劫争，类似的棋形统称为「开劫」。

最后则是「扑劫」的棋形。顾名思义，「扑劫」指的是以「扑」的手段开启劫争。

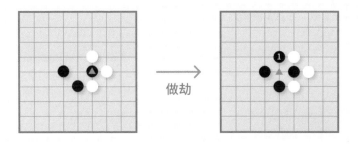

做劫

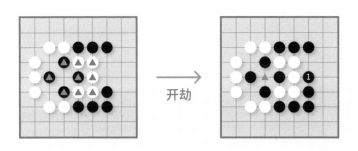

开劫

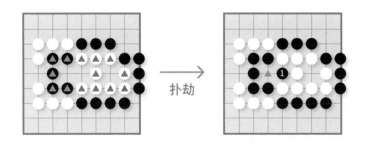

扑劫

打 劫 结 束：
粘劫／消劫

　　「粘劫」和「消劫」都是终止打劫的手段。与挑起打劫时几种不同的手段相似，这两种下法的概念也十分接近，但表现的形式却略有不同。

　　右图上方的棋形中黑棋所采取终止打劫的方式是「粘劫」，「粘劫」很多时候也可以称为「消劫」。这其中的区别是——「粘劫」重点突出了「粘」的手段，指的是以连接的形式将劫争中己方仅剩下 1 气的棋子救回，从而结束打劫。

　　右图下方的棋形中则是「消劫」的下法。当一方可以用提子的方式来解消劫争时，这种下法就称为「消劫」。图中的黑 4 将白棋三子提掉，这种下法是最为标准的「消劫」。但值得注意的是，如果将这步棋称为「粘劫」，听上去就显得十分奇怪。

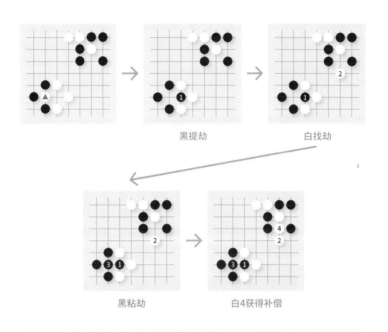

黑提劫　　　　　　　　白找劫

黑粘劫　　　　　　　　白4获得补偿

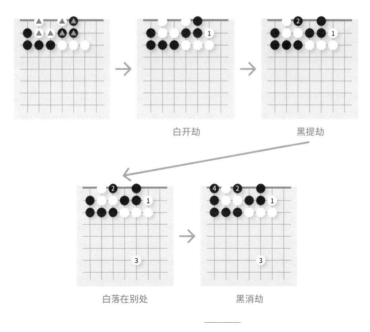

白开劫　　　　　　　　黑提劫

白落在别处　　　　　　黑消劫

第9天

—— 理解与欣赏
—— 棋形和术语

棋形和术语的意义

　　「棋形」指的是当棋盘上的棋子彼此接近并相互产生影响时，所组成的某种结构。根据棋子之间的距离和相对位置，不同的「棋形」具有不同的名称，也就是所谓的「术语」。事实上，是否了解围棋中的「术语」并不会对围棋的对弈水平产生直接影响，但了解基本「棋形」却是非常关键的。下出漂亮的「棋形」能让己方的棋子与棋子之间产生更好的联动，或更好地抑制对方的棋子发挥作用。「术语」更多意义上是为了让大家在探讨棋局时能进行更简洁高效的交流。

匍匐前进

　　右图最上方的黑▲一子，对图中的另一颗黑子进行了延伸，这种下法称作「并」。但事实上不是所有紧密连接的延伸下法都称作「并」，当周围有对方的棋子时，棋形的名称和作用也会产生相应变化，如右图下面六种下法。

　　这些棋形都可以归为延伸速度较慢的手段，这类下法的优点是步伐非常坚实，缺点是展开的速度较慢。「步伐非常坚实」说明了这类棋形不会被分断，但「展开的速度较慢」则一定程度体现了其低下的效率。

　　在实战中，当和对方棋子发生近距离接触时，这些棋形是非常实用的。

并

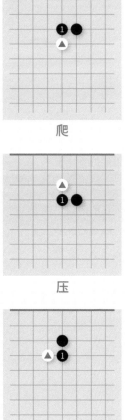

爬

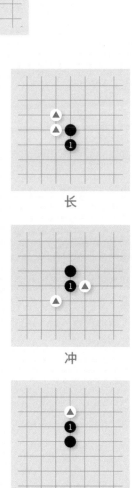

长

压

冲

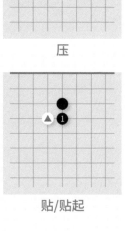

贴/贴起

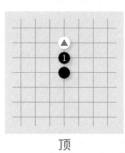

顶

迈 开 步 伐

掌握了并排延伸的手段后，随着棋力的提升我们可以试着将步子迈得更大一些，下出更具速度和效率的棋形。

右图中列出了「跳 / 单关跳」「尖 / 小尖」「飞 / 小飞」「大跳 / 二间跳」「象步」「大飞」六种棋形。

不同于前一图中提到的紧密相连的那些棋形，这类棋形大多数情况下并不会因为周围有对方的棋子而改变名称。

右图中除了非常坚实的「尖 / 小尖」之外，其他棋形的延伸速度相较于我们之前学过的所有手段都有着明显的提升。当然，更快的速度也意味着更高的效率和更大的风险：这些棋形的步伐很大，有可能会被对方分断后形成战斗。

但客观地说，其带来的收益还是要远远高于存在的风险：由于「棋形」最少是由两颗棋子组成的，如果对方没有周边额外子力支援的情况下贸然进行分断，则很容易在这个局部因为棋子数量少于己方而陷入被动的战斗。

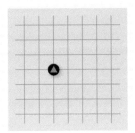

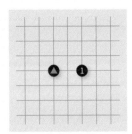

跳/单关跳

大跳/二间跳

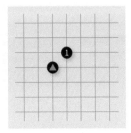

尖/小尖

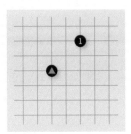

象步

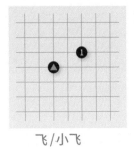

飞/小飞

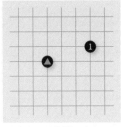

大飞

比如在 2017 年 1 月 AlphaGo Master 对井山裕太的网络对局中，AlphaGo Master 用上述的几种基本展开下法，组成了如右图右上角所示的棋形：

从 ▲ 到 ■ 是小跳，从 ▲ 到 〇 是大飞，从 ■ 到 ✖ 是大跳。

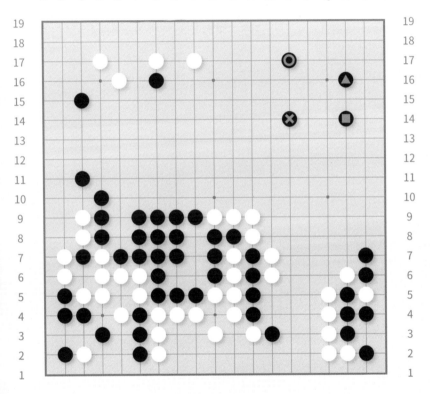

战斗中的棋形

在双方的棋子逐渐互相接近并发生纠缠时，一般延伸类型的手段很难施展。事实上我们在前几天学习的一系列吃子技巧，都是由战斗中的棋形演变而来的。下出更好的棋形可以让己方在战斗中处于更为有利的位置。

近身搏斗的棋形

右图最上方的棋形中，紧贴黑▲一子的下法称为「碰／靠」或「托」，这取决于这步棋位于棋盘上的方位。采用这样的下法通常是为了制造头绪，通过战斗的方式来打开局面。黑棋如果选择相较于「长」更激烈的「扳」，那么战斗将会一触即发。此时白棋可以立即「断」开黑棋，这样黑白双方就各有两块不活的棋。除了「断」，白棋也可以选择「反扳」，继续借力打力，令双方在这个局部都有更多回旋的余地。

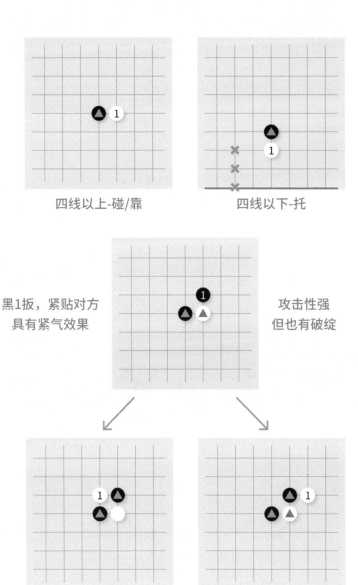

四线以上-碰/靠

四线以下-托

黑1扳，紧贴对方
具有紧气效果

攻击性强
但也有破绽

白1断

白1反扳

针锋相对的棋形

前页图中出现的这些棋形都是极具针对性的。这些下法的主要目的是阻止对方实现意图，或者利用对方棋形的弱点进行威胁。为了方便大家更好地理解这些棋形的激烈程度，我们在此处将其中的一些手段进行了生动有趣的说明：

虎口——刺/点：犹如一把刺出的匕首，迫使对方在虎口处连接。

小飞——跨：宛如飞扬的马蹄，在征子有利的时候可直接将对方的小飞分断。

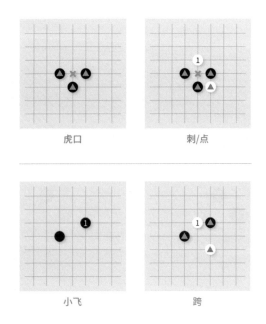

虎口 　　　　　刺/点

小飞 　　　　　跨

跳——挖：不论对方从哪个方向打吃，己方长出后对方都会出现两个断点。

尖——挤：像一颗弹球一般卡入小尖区域的空隙处，威胁分断对方。

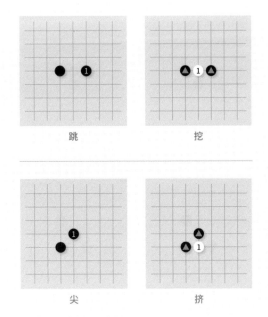

跳

挖

尖

挤

冲——挡：竖起盾牌，阻止对方突破防线。

象步——穿象眼：利箭一般从象步中间间隔的交叉点穿过。

除了「挡」「刺」「挤」这样的防御和威胁型手段，其余三种分断对方的手段在局部都具备非常强的冲击力，如能配合更多的子力可以发挥出更好的效果。

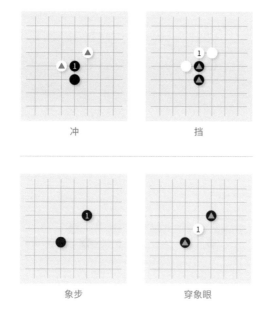

冲

挡

象步

穿象眼

部分进阶术语

　　下图中的棋形更多情况下出现于一些特殊局面。例如「拐」和「点方」，都是在战斗中令对手倍感压力的手段。「拐」的主要目的是争夺附近区域的控制权，而「点方」是为了直接破坏对方的眼位，迫使对手连接。

　　「肩冲」和「镇」则不完全属于攻击型的手段，这两种下法更多意义上是为了将对手压迫在较低的位置、限制对方的潜力，甚至在中腹取得一定程度的势力。

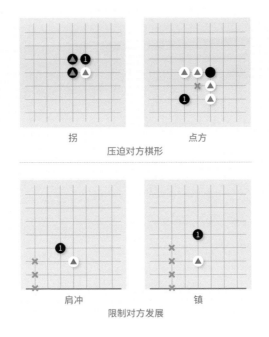

拐　　　　　　　　　　　点方

压迫对方棋形

肩冲　　　　　　　　　　镇

限制对方发展

第10天

战斗指挥

——完整的一局

对 局 的 流 程

经过之前九天对于局部知识的学习，现在是时候进入真正的围棋世界，进行一盘完整的围棋对局了。

在一盘 19×19 的正式对局中，如果仅仅依靠我们学习过的吃子知识，是远远不足以取胜的。事实上围棋中的这个「围」字已经清晰地告诉了大家这个游戏的终极目标——也就是说「围」出更多地盘的一方，将取得最终的胜利。

那么如何取得更大的地盘呢？这是一个没有绝对答案的问题。但在围棋中一直存在着这样一句谚语：「金角银边草肚皮」，揭示了围棋盘上关于地盘的基本价值观。如果单从字面上的意思来解读这句话，那么你将有很大的概率陷入一个误区。这句话虽然通过「金」「银」「草」来进行了排序，但其实并不是说「角」的价值一定大于「边」或者「中腹」。更为深层且合理的解读则是——由于棋盘的边界是客观存在的，「角」「边」「中腹」各自的管辖范围也存在着很大的差别。

「角」可以通过很少的手数来占据，那么接下来相对容易占领的区域则是「边」，再然后才轮到潜力无穷却又难以掌控的「中腹」。

长期以来，不仅仅是职业高手们，就连近几年新兴的众多顶级的 AI 程序也倾向于以「占角」作为开局的方式。所以「金角银边草肚皮」是经过反复验证后的结论。

一盘棋的常规发展轨迹是从双方瓜分四个「角」，再到占据四条「边」，最终就「中腹」的地盘展开争夺。

对局开始后双方的每一步棋其实都是为了实现「围出更多的地盘」这个终极目标。我们刚刚提到的通过「占角」和「占边」来发展己方或限制对方地盘的过程，都可以统称为「布局」阶段。

布局阶段结束后就来到了「中盘」阶段，双方会就已经占据的地盘继续「扩张」和「压缩」。

中盘阶段结束后，双方开始确定边界的细节，补全自己地盘的缺口，在对方地盘的缺口处进行最后的压缩，直到双方的地盘边界完全确定，不再改变。

从中盘结束到双方的地盘边界完全确定的阶段，称为「官子」阶段。

在双方轮流将不影响地盘大小的点填满之后，官子阶段结束，对局也正式结束。

以下一系列插图为同一盘对局的布局、中盘和官子阶段，黑方是江维杰职业九段，白方是胡耀宇职业八段。我们将以这盘棋为例，讲解一盘完整对局的流程。

布 局 阶 段

　　前四手棋，黑白各先占据两个角部。黑 5 巩固右下角的地盘，白 6 将左上角和左下角的白子连成一片。黑 7 巩固右上角的地盘。前七手，黑白各占一侧，完成了基本的排兵布阵，和平共处。

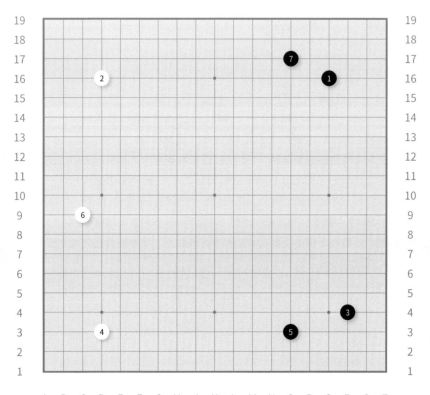

白 8 在右边落下第一颗子，防止黑棋形成完整的阵地，将黑棋在右上角和右下角的地盘分开。黑 9 扩展右下角的地盘，同时接近白 8，对白 8 的生存空间施压。白 10 以白 8 为基准向上扩展，占领一些地盘的同时，对白 8 的孤子进行加强。黑 11 限制白棋继续向右上角扩展，守住角部的地盘。白 12 进一步加强白 8 和白 10 两颗白子。黑 13 占领下边的地盘。从第 8 手到第 13 手，双方的棋子开始接近，但每一手棋的主要目的仍然是扩展和限制角部和边上的地盘，局部战斗并未开始。

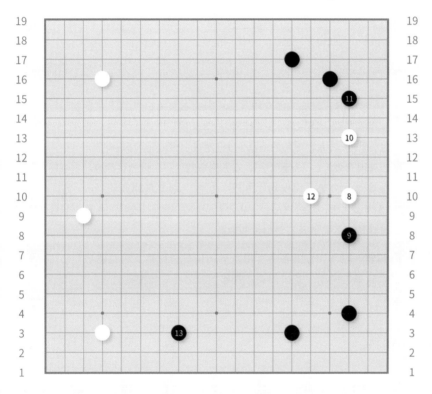

白14对黑棋右边的地盘发动入侵。因为右边上白棋的子力多于黑棋，白强黑弱，所以黑15选择与白16交换，在右上方占一些便宜之后，黑17巩固右下角的地盘，放弃对被白棋威胁的黑9（R8）的救援，有得有失。白18至黑23，双方你来我往，白棋围住黑9，取得一些实地和外势，黑棋吃住白20，扩展了右下角的实地。从第14手到第23手，双方在小范围内进行了较为激烈的战斗，主要的争夺目标是右下角以及右边附近的地盘。

　　局部告一段落，双方各有所得，下一步轮到白棋。右边的边角已经大致争夺完毕，双方的重心转移到较为空旷的左边。

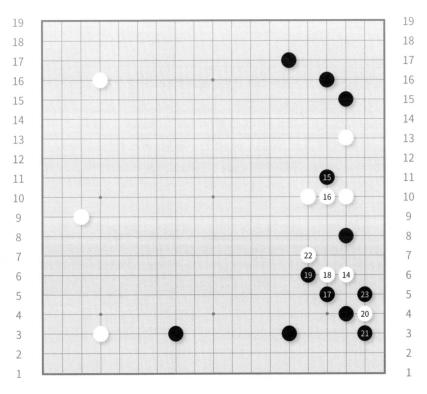

白 24 守住左下角的地盘。黑 25 接近左上角的白子，压缩白棋的角部地盘。白 26 和黑 27 是定式的下法，双方直接使用。在布局阶段接近尾声时，白方开始权衡剩余的边角地盘和尚未被占领的中腹地盘的大小。白棋认为在这个局面下中腹的价值已经大于剩余的边角，因此选择白 28 压迫黑棋，放弃黑 29 处的角部实地，占领左上角附近的中腹外势。黑 29、31 当仁不让，取得原来属于白棋的角部实地，而白 28、30 将黑 25 向上边和中腹的发展方向全部堵死，取得上边和中腹的外势。白 32 打吃是先手，黑 33 必须连接，白棋以此取得一些右下角的外势。从第 24 手到第 33 手，双方对左边的地盘进行争夺，左下角被白 24 占据，左上角被黑 25、27、29、31 占据，上边和中腹的外势被白 26、28、30 占据。左边的边角已经大致争夺完毕。

至黑 33，双方将大部分角部和边上的实地和外势全部瓜分，布局阶段结束。黑棋实地较多，白棋外势较多，双方占据的地盘资源大致相当，势均力敌。

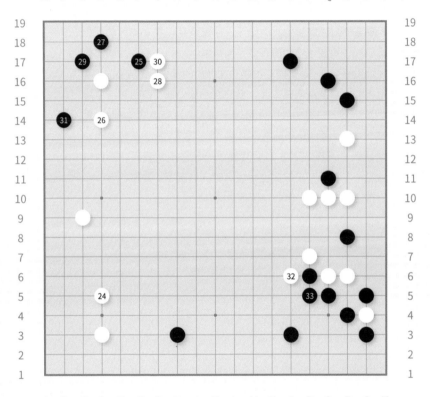

中 盘 阶 段

接上图，黑 1 后，对局进入中盘阶段。白方外势较多，白 2 至黑 5 交换后，下边黑棋的地盘被压缩，白棋取得更多外势。白 6、8 将右上角黑子向下发展的方向堵死，白棋又取得更多的外势。白棋的目标明确，希望能在中腹形成「大口袋」，将所有的外势都转化为实地。黑 9 与白 10 交换，加强了左上角的黑棋。黑 11 正式动手，在白棋的大口袋中空降伞兵，目标在于从内部瓦解白棋在中腹的地盘。然而由于白棋的各方外势过于强大，进行至白 14 时，黑棋无法将黑 11 救回，只能选择放弃黑 11，将黑 13 从左侧救出，与左上角的黑子连接。至白 22，几颗黑子已经成功连回，而白棋的中腹地盘的左侧缺口已被完全堵住。轮到黑棋下，黑棋的下一步计划是从其他方向压缩白棋的中腹地盘。

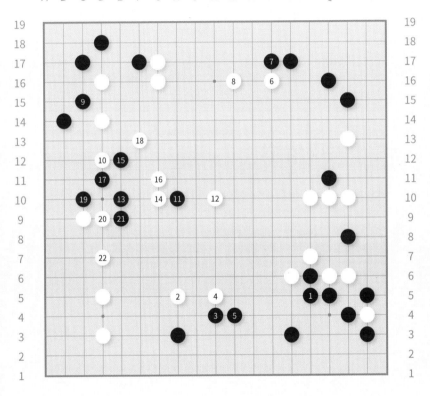

黑 23 与白 24 交换，先手取得了更多的地盘。黑 25、27 吃住右侧一颗白子，从下方向上前进了一步，同时准备下一步将右侧被困的黑子连回，白 28 只能回应。黑 29、31、33 都是先手，双方完全确定了白棋的中腹地盘左侧的边界。黑 35 加强了左侧黑子与左上角的连接，使它们彻底安全。当前的局势是白棋的中腹地盘左右确定，上下漏风，白棋需要同时堵住上方和下方才能使中腹成为真正的地盘。轮到白棋下，白棋的下一步计划是堵住上方和下方的缺口。

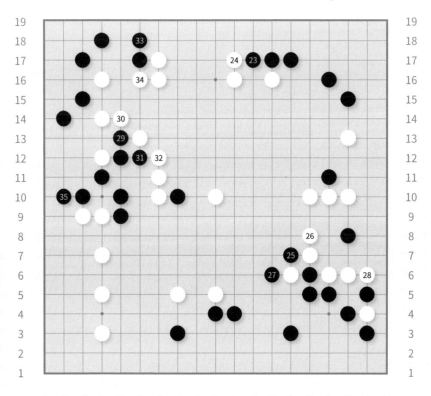

白36、38、40是一套组合拳，白36假意入侵右上角黑棋的地盘，以此获得白38、40的借用，将上方的缺口彻底堵住。黑41到黑43，扩大自己的地盘，缩小对方的地盘，取得实地方面的具体利益。白44、46、48、50都是先手，将中腹地盘上方的边界彻底确定。拿到先手的白棋，最后的计划是堵住下方的缺口。

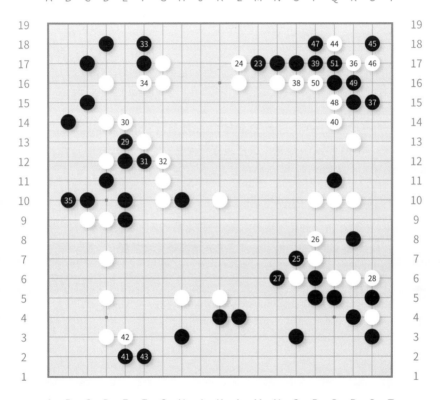

白 52、54 都是先手，与黑 53 和黑 55 交换后，下方的边界也大致确定。白 56 和黑 57 交换，先手压缩了黑棋的地盘，白 58 彻底围住白棋在中腹的地盘，中盘阶段结束，对局进入官子阶段。

　　此时的棋盘上外势的范围所剩无几，白棋之前的外势或被破坏，或被转化成实地。当前的局面下，双方的实地数量势均力敌，计算贴目后局势非常接近，胜负将由官子阶段的下法决定。

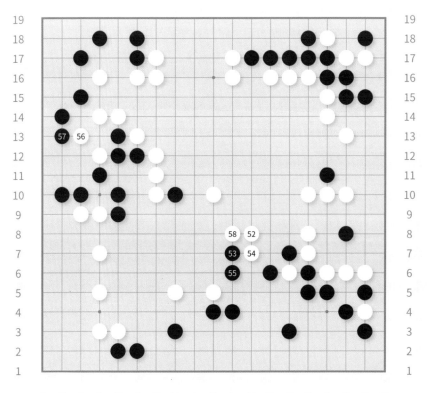

官子阶段

如右图，黑 1 是官子阶段的开始。

官子阶段的主要目的是将中盘阶段形成的大致边界，转化为无法改变的确定边界。双方按照"选择局面上价值最大的点"的原则，堵住自己地盘的缺口，从对方地盘的缺口压缩，直至双方的所有地盘都形成确定边界。

从黑 1 到白 4 是右上角，黑 5 到白 6 是左下角，黑 7 到黑 17 是上边，白 18 到白 20 是左边，双方逐渐将边界确定。

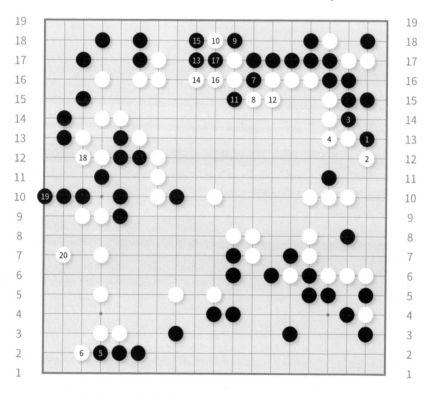

接上图，从右图黑 1 开始，双方开始确定中央边界。

过程中，黑棋抽空走到了黑 9、黑 11 的先手扳粘，将右边至右上的边界彻底确立。然后，黑 13 以下至白 22，全盘最后一片未确定地域的边界也逐渐清晰了起来，大官子阶段逐渐告终，即将进入小官子阶段。白 22 以后的小官子进程过于繁琐，我们不再赘述。

本局下到最终，经过计算和比较双方地盘之后，黑方地盘比白棋多出 7 目。由于本局采用的是黑棋贴 7.5 目的贴目制，所以最终的结果是白胜 0.5 目。

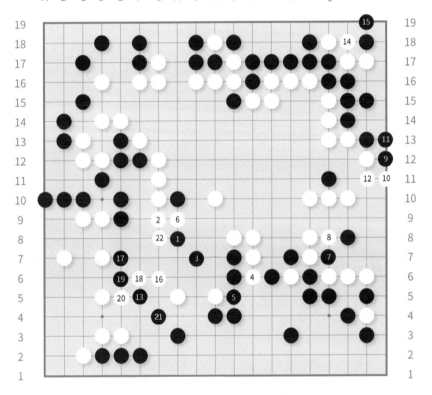

围棋的两大技能

计算力和大局观，是下好围棋的两大技能。计算力，是指遇到局部战斗时通过对下法的推算找到局部最佳下法的能力。我们已经学过的吃子、死活和对杀的知识，都是计算力的核心部分。大局观，是指在全局范围内通过对各个部分的价值判断找到全局最佳下法的能力。我们将要学习的布局、定式、中盘和官子的知识，都是大局观的核心组成部分。

计 算 力

计算力是棋手取胜的重要技能之一。

右图这盘对局的黑方是时越职业九段，白方是唐韦星职业九段。图中黑 1 接住之后，黑棋白棋彼此包围形成对杀。白棋在这个区域的选点有 20 多个，其中需要考虑的有效选点也有 10 多个。假设白棋在其中的某一点落子，黑棋下一步的有效选点仍然有 10 多个。如果将所有的变化考虑进去，这个局部的可能变化数至少是千万级别。如果只考虑有效变化，可能的最佳变化也有几百个。想找到局部的最佳变化，需要十分强大的计算力。

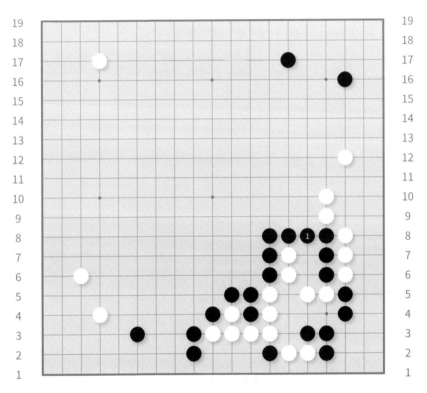

这盘对局的实战进行如右图所示。两位世界冠军下出了他们当时认为的最佳变化，共65手棋。在经历了漫长的打劫过程之后，左侧的大块黑棋最终在左边的一线上成功脱险，白棋认输，黑棋中盘取胜。

然而，即使是顶尖职业棋手下出的变化，也不敢保证是最佳变化。

目前最难的死活题集《围棋发阳论》中，收集了大约200道需要非常强大的计算力才能解决的死活题。这本书中题目的答案，在300多年的流传过程中不断被修正，至今也不敢保证都是最佳变化。依靠人类的思维能力，计算力是没有上限的。

不断进行死活、手筋和对杀题目的训练，是提升计算力的最佳途径。因为题目中的推算，与实际对局中的推算方法是一致的。经过题目训练后，对局是检验计算力的最佳手段。如果能够比对方算出更多的变化，并且下出这些变化，就能出其不意地让对手损失利益，增加取胜的可能性。

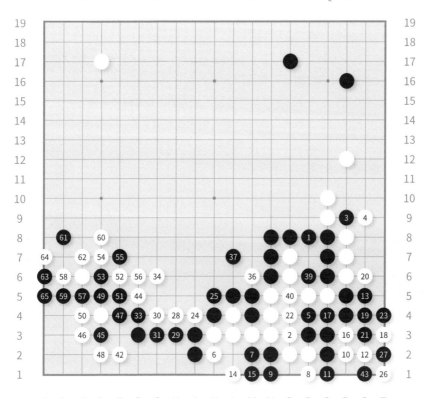

大局观

大局观同样也是棋手取胜的重要技能。

右图这盘对局的黑方是 AlphaGo，而白方是李世石职业九段。至白 2，布局阶段结束，进入中盘阶段。当前局面下，双方瓜分了边角的地盘，左下角和右下角的局部战斗也都告一段落。轮到黑棋下，黑棋需要在全局范围内找到价值最大的点，这个点能够压缩对方的实地和外势，或者能够扩张自己的实地和外势，或者两者兼顾。由于无法明确地定量分析每个点的价值，想要找到这个点，需要非凡的大局观。

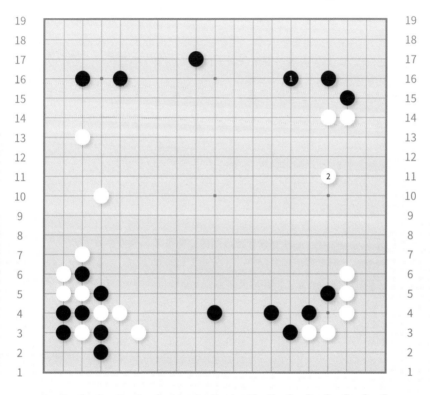

这盘对局的实战进行如右图所示：

AlphaGo 采取了黑 3 在五路肩冲的下法，压缩了白棋右边的实地，增加了黑 3 左下方的外势，同时远远地威胁左下角白棋的弱点。进行至黑 33，白棋左下角的弱点被黑棋利用，外势几乎没有发挥作用，而黑棋在左侧的外势范围却大大增加。在黑 33 守住上边的实地后，对局的形势由势均力敌变为黑棋领先。对于这种转变，黑 3 起到了至关重要的作用。黑 3 是不符合人类围棋价值观的一手，却是人工智能 AlphaGo 认为的最佳选点。按照人类的逻辑，黑 3 在五路上，损失实地，不适合使用。而按照机器的逻辑，黑 3 可以在当前局面下取得最高的胜率，因此是最佳选点。

机器的大局观基于后台至少百万级别的变化推算，选点是依靠计算力得来的。而不可能具备这种计算力和大局观的人类，选点只能依靠经验和直觉。依靠人类的思维能力，大局观也是没有上限的。

不断研习高手的棋谱，体会高手在空旷的局面下选点的能力，是提升大局观的最佳途径。因为高手对局中的局面，也可能出现在实际局面中。高手的选点，就是我们的参照。对局也是检验大局观的最佳途径。如果总是能够根据大局观找到局面中价值最大的点，就会在不知不觉中取得领先局势；如果不发生局部战斗，就会在不知不觉中取胜。

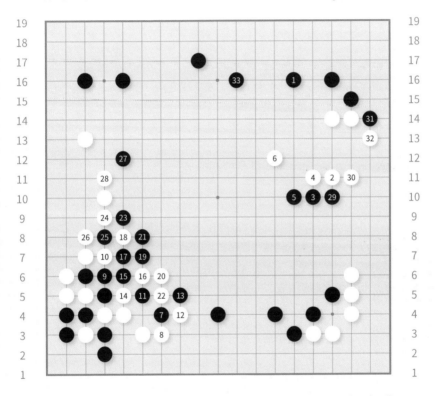

人 机 之 战

时代的洪流滚滚向前，新时期的人工智能极速发展，人类棋手遇到了有史以来最强大的对手——围棋 AI。

2016 年 3 月 13 日，人类世界冠军李世石九段对阵顶级围棋 AI——AlphaGo。这是系列赛的第四局，在此局之前，李世石已经连输三局，以 0：3 的总比分提前输掉了五番棋比赛。事已至此，全世界都已经明白了新时代 AI 的强大，几乎没有人还认为李世石能够赢棋。对李世石来说，最后的两局棋，就算全赢下来也已经输掉了比赛，只能是为了棋道追求和个人荣誉而坚持奋战。

就在背水一战之际，李世石豁出一切，丢掉所有包袱，终于下出了「神之一手」，出乎意料地击溃了 AlphaGo 的阵势，赢下了第四局。李世石让我们明白，虽然技术的发展日新月异，不是人力所能阻碍的，但人类巅峰的直觉、创造力和计算力却仍然熠熠生辉。

不屈的斗志是人类最宝贵的精神财富。

2016 年 3 月 13 日　人机大战 第四局　李世石执白对 AlphaGo
李世石第 78 手击破 AlphaGo，被称为「神之一手」

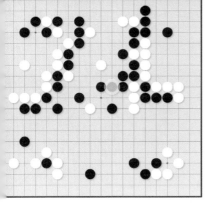

第11天

——排兵布阵——布局基础

实 地 与 外 势

在布局阶段，棋盘空旷，双方需要快速而广泛地占角和占边。

在这个过程中，由于子数有限，双方只能大致确定地盘的范围，这些范围会随着棋局的进行不断变化。在不能精确计算布局阶段每方获得的地盘大小的情况下，棋盘上与地盘相关的资源被分为两种：「实地」和「外势」。

「实地」是指边界已大致确定的地盘，「外势」是指边界尚未确定、未来有可能成为地盘的区域。实地可以通过围住的点的数量进行计算，而外势可以通过对可能影响的范围进行估算。

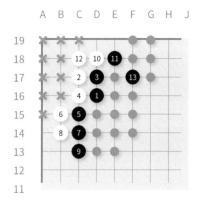

上图是一种双方的常见下法：

白棋将角部 ✖ 标注的 10 个点大致围住，占据实地；

黑棋对右边 ● 标注的 16 个点有影响力，形成外势的大致范围。

下面这张图展示的也是一种双方的常见下法：

白棋将角部 ✖ 标注的 10 个点大致围住，占据实地；黑棋对左边●标注的 8 个点以及落单的白 2 有影响力，形成外势的大致范围。

与上一图左上角相比，白棋的实地相等，而黑棋的实地较少，但局部的结果都是「双方可以满意」，这是因为先手和后手的区别。

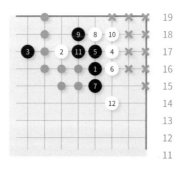

在一个局部，当双方的下子告一段落时，最后落子的一方，称为「后手」，另一方称为「先手」。先手的一方掌握主动权，可以任意在棋盘上落子；后手的一方需要根据先手一方的落子位置，决定如何选择下一步。

在布局阶段，棋盘空旷，先手的一方通过对全局各个部分进行价值评估，可以找到并在价值最大的地方落子。

上一图的变化中，最后一颗子是黑棋，黑棋是后手；而上图的变化中，最后一颗子是白棋，黑棋是先手。黑棋的一个先手价值，与减少的外势范围价值大致相等，因此这两个变化的结果都是「双方可以满意」。

布 局 的 下 法

布局阶段的主要任务是占领角和边，双方加起来需要大约 50 步棋完成。

在角部和边上的地盘资源包括实地和外势。采取怎样的顺序和策略占领角和边才能取得最大的获胜概率，是布局阶段关注的焦点。

右图左下方标注了角、边和中腹的大致分界。

按照「金角银边草肚皮」的价值观，「抢占空角」是布局的当务之急。

占角之后，角部的后续手段还包括「守角固角」和「定式争角」。

占边的手段包括「拆边延伸」和「分投打散」。

布局阶段的下法，主要包括以上 5 种。

抢 占 空 角

抢占空角的选点能够决定占领效果的好坏。

选点与一·一点（1A 点）之间的部分，是这一方实际的控制范围。如果选点过于靠近一·一点，则控制范围太小，不能让人满意；如果选点过于远离一·一点，则控制范围太大，控制力太弱，无法起到占领空角的作用。

按照这种思路，在角、边和中腹分界处的选点是最佳的，即我们在右图右下方标出这些选点。

除星位之外，还有 ✖ 标注的小目、■标注的三三、●标注的目外和▲标注的高目。星位、小目、三三、目外和高目，都是抢占空角的最佳选点。

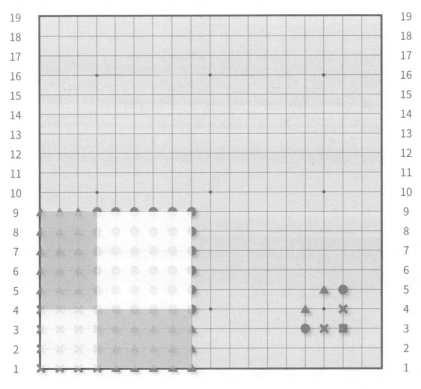

守角固角

在已经抢占的角部再下一步棋来巩固角部实地的下法，称为「守角」。

无论占角的选点如何，一颗棋子对角部的控制力都很有限。经过「守角」之后的角部被两颗棋子占住，控制力大大增强。

下图左上角黑棋占据小目，下一步可以选择●小飞守角、■大飞守角、✖单关守角和▲二间跳守角；右上角黑棋占据星位，下一步可以选择●小飞守角、■大飞守角和✖单关守角。

三三距离角部近，一般不需要守角。

目外的常见守角方式，是还原小目的小飞守角。

高目的常见守角方式，是还原小目的单关守角。

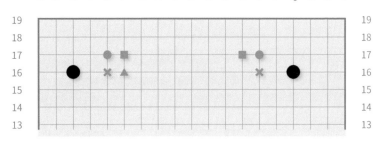

定式争角

　　守角的棋形子数不多，但占领的地盘大，控制力强，是双方追求的「好形」。为了阻止对方形成好形，在守角的棋形形成之前，角部只有对方的一颗棋子时，另一方通常选择使用「挂角」的手段，争夺角上的实地和外势。

　　上一图的左上角和右上角，是黑棋可以选择的守角点，同样也是白棋的挂角点。左上角黑棋占据小目，白棋可以选择●小飞挂角、■大飞挂角、✖ 一间高挂和▲二间高挂；右上角黑棋占据星位，白棋可以选择●小飞挂角、■大飞挂角和 ✖ 一间高挂。

　　当双方的棋子接近时，战斗即将开始，为了不在战斗中吃亏，双方一般会选择在这个局部落子，直到战斗告一段落。因为占角和挂角的手段是有限的，历代棋手总结出了双方都可以满意的局部下法，称为「定式」。

　　在围棋初学阶段，定式是学习正确下法的快捷模板。

　　关于定式的详细介绍将在第 12 天中进行。

拆 边 延 伸

当角部已被抢占完毕，或某一局面下边上的价值最大时，就需要抢占边上的地盘。占边的主要下法有拆边延伸和分投打散两种。在三或四线上，以附近的己方棋子为依托，在边上平行延伸的下法，称为「拆」「开拆」「拆边」。拆的主要目的是扩张自己在边上的地盘。

右图中，角部已经被双方占据，四条边还很空旷。轮到黑棋下，黑棋可以选择抢占四条边中的一条。与上边相邻的两个角都是黑子，黑棋如果选择先占上边，拆的选点应该在两个角连线的中点附近，如 J17「拆」——J17「拆」能够与左上角和右上角的两颗黑子遥相呼应，将黑棋左上角和右上角的地盘连成一片，同时从上方向下方的中腹发展，具有连接和扩张的双重作用。 当边的两侧都被己方棋子占据时，「拆」又称为「连片」。

与右边相邻的右上角被黑子占据，右下角被白子占据。黑棋如果选择先占右边，拆的选点同样应该在两个角连线的中点附近，如 R10「拆」——R10「拆」与右上角的黑子遥相呼应，从右上角向右下边延伸，同时限制右下角的白子向右上边延伸，具有延伸和限制的双重作用。

与左边相邻的左上角被黑子占据，左下角的白棋向上延伸的道路已经被三颗黑子堵住。黑棋如果选择先占左边，拆边的黑子应该与相互照应的三颗黑子具有最合适的距离。按照「立二拆三、立三拆四」的准则，D10 被认为是在左边拆边的最佳选点。C6 和 D6 两颗黑子从边上向中腹方向形成一道「墙」，是「立二」。D10「拆」，与 C6 和 D6 之间有 D7、D8 和 D9 三个点，是「拆三」。如果这道墙的长度是三，拆边的子和它的距离应该是四，拆边的手段称为「拆四」。以此类推，如果这道墙的长度是一，也就是单独的一颗棋子，拆边的子和它的距离应该是二，拆边的手段称为「拆二」。

黑棋下 D11 是「拆四」，下 D9 是「拆二」，在这个局面下，这两个选点都不如 D10 拆三。

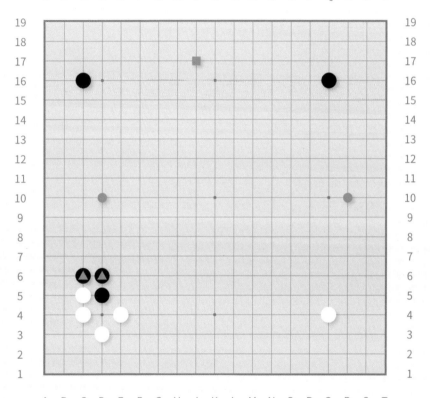

分 投 打 散

　　与下边相邻的两个角都被白棋占据。黑棋如果选择先占下边，没有拆边的下法可供选择。这时，黑棋的选点应该在这条边上左右边缘的两颗白子连线的中点附近，如 K3 点。

　　黑棋下 K3 后，左右都有拆边的空间，可以作为之后占领这条边的基准点。这种在两侧都是对方棋子的边中间落子的占边手段，称为「分投」。

　　白棋下 K3，是连片的下法，目的是使下方的地盘成为一个整体，并在未来能够进一步扩张。黑棋下 K3，是分投的手段，目的是打散白棋的地盘，不让它成为一个整体，从而无法进行下一步的扩张。

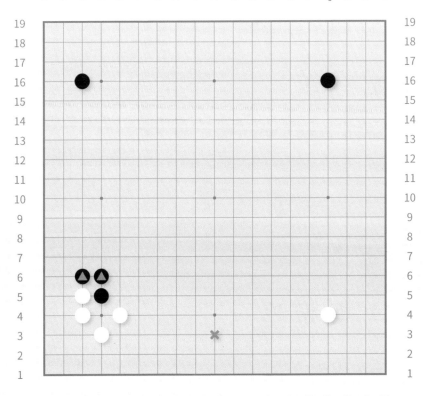

布局的原则

掌握占角和占边的布局手段后，在每个局面使用哪种手段，具体在哪一点，是布局的关键所在。关于布局阶段的点的选择，除了模仿角部的定式和全局的布局基本型之外，遵循「地势均衡」「建立根据地」「追求效率」这 3 条布局的原则，可以取得更好的布局效果。

地 势 均 衡

在布局阶段，与地盘相关的两种资源是实地和外势。

实地的最终数量，外势未来能变成多少实地由对局的走势决定。如果过度追求实地，那么对方取得的外势可能获得浑然一体的效果，对方可能因为外势转化成实地的比例过高而取胜；如果过度追求外势，而又不具备充足的利用外势的能力，那么外势很可能得不到发挥，对方依靠充足的实地而取胜。

遵循地势均衡的原则可以避免两种情况的发生，使棋局顺利过渡到中盘阶段。

建 立 根 据 地

根据地是指孤立无援的棋子的做眼空间。如果这些棋子在角部和边上都没有占据做眼空间，那么它们唯一的出路就是向中腹逃跑。在逃跑的过程中，对方可以采用各种手段威胁和压迫这些棋子，顺便取得实地或外势的利益。为了避免这种情况的发生，在布局阶段就要尽量让己方在棋盘上的所有棋子都有根据地。在前面讨论过四条边上的所有选点之后，得出最佳的选点是● D10 拆三。● D10 是连片的手段，与■ J17 连片，● R10 拆边和 × K3 分投在地盘的大小方面区别不大。主要的区别在于左下角的三颗黑子还没有根据地，如果被白棋抢到● D10 点，三颗黑子就要面临被攻击的命运，只能向中腹逃跑，损失很多利益。由于● D10 在建立根据地方面的作用大，● D10 要优于其他 3 种下法。

追 求 效 率

当一方用几颗棋子取得对一定实地和外势的控制权时，平均每一颗棋子占有的资源称为「效率」。

下图展示了同样占领 4 目的实地，角上需要 4 颗黑子，边上需要 6 颗黑子，中腹需要 8 颗黑子。也就是说，同样下一颗黑子，效率的排序是角 > 边 > 中腹，这就是「金角银边草肚皮」的价值观的来源。

如果只看效率，效率高的一方可以取胜。

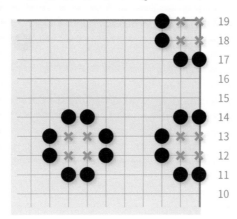

如下图所示，对于黑棋拆边的 3 个选点● D11 拆二、■ D10 拆三和▲ D9 拆四，● D11 能围住 6 目的实地，■ D10 能围住 9 目的实地，▲ D9 能围住 12 目的实地。按照效率的标准，▲ D9 应该是最佳的选点。然而我们已经知道，按照「立二拆三」的准则，■ D10 才是最佳的选点，这是因为效率不是评价下法好坏的唯一标准。

连接坚固的棋形，称为「厚形」；连接不坚固的棋形，称为「薄形」。三个选点中，● D11 最厚，其次是■ D10，▲ D9 最薄。

综合三个点的厚薄和效率，● D11 和■ D10 的厚薄差距不大，因为这两种情况下白棋都没有直接有效的分断黑棋的手段；而▲ D9 则不同，因为白棋可以下在● D11，由于距离太远，黑棋已经被分成无法连接的两部分。

这里的选点原则，是在厚薄允许的条件下，追求最大的效率。厚薄方面，可选的点是● D11 和■ D10；而效率方面，▲ D9 优先，其次■ D10，再次● D11。因此我们得出结论，■ D10 是最佳的选点。

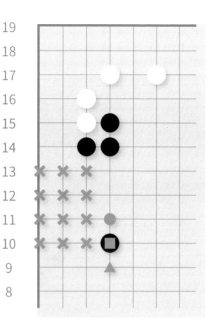

在厚薄允许的条件下，追求最大的效率，在布局阶段对于对局的胜负能够起到决定性的作用。下图中，同样是四颗棋子，黑棋的实地和外势加起来共有 35 个点，而白棋只有 13 个点的实地。

如果这种情况出现在实际的对局中，白棋在布局阶段就产生了巨大的劣势，如果双方水平相当，白棋取胜的希望已经渺茫。

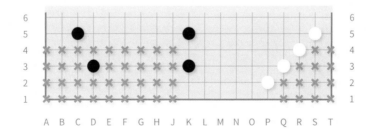

布 局 的 基 本 型

历代棋手通过研究前人的对局，总结出了大约 40 种基本的开局方式，称为「布局的基本型」。在这些开局方式中，双方的下法都可以令人满意。因此，在围棋初学阶段，布局的基本型也是学习正确下法的快捷模板。

根据占角的选点，考虑到绝大多数对局的占角方式只有星和小目两种，本书将布局的基本型分为「星布局」「星小目布局」「小目布局」「其他布局」4 种，本书只介绍前 3 种布局的基本下法。

星 布 局

占据相邻的两个星位形成的布局，称为「二连星」布局；

占据同一条边上的三个星位的布局，称为「三连星」布局；

形成三连星之后继续占到与三连星相邻的两个边上星位之一的布局，称为「宇宙流」布局。

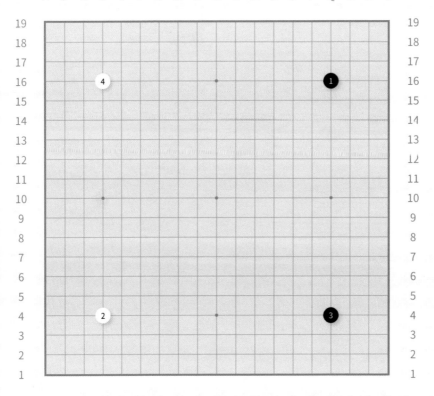

二连星

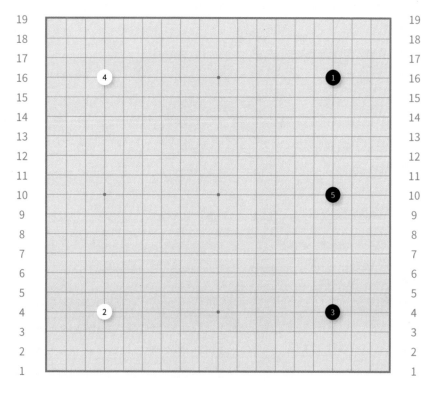

三连星

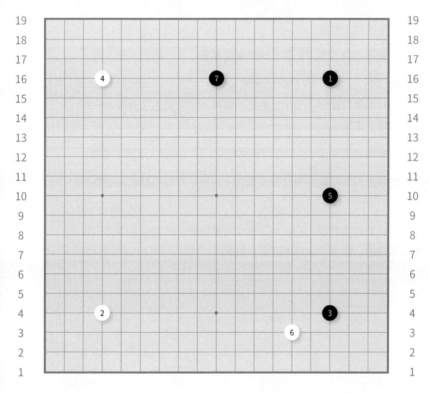

宇宙流

星 小 目 布 局

　　星位与小目相对，配合在边上星位靠近小目一路的三路拆边，称为「中国流」布局；

　　星位与小目相对，配合在边上星位靠近小目一路的四路拆边，称为「高中国流」布局；

　　小目与星位相对，在小目的侧面挂角星位后超大飞拆回，称为「小林流」布局；

　　小目侧对着星位，小目形成无忧角后，称为「星无忧角」布局；

　　小目侧对着星位，小目形成大飞守角后，称为「星大飞守角」布局；

　　小目侧对着星位，在小目正面挂角星位后，在类似中国流位置的三路拆回，称为「迷你中国流」布局。

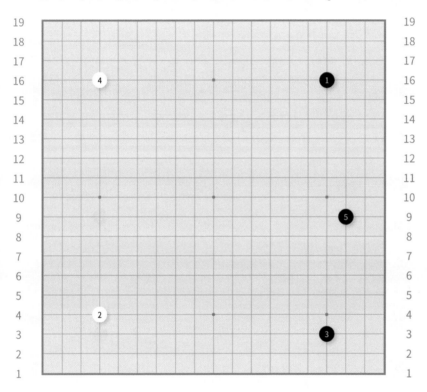

中国流

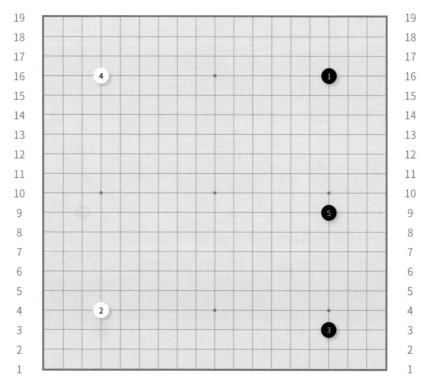

高中国流

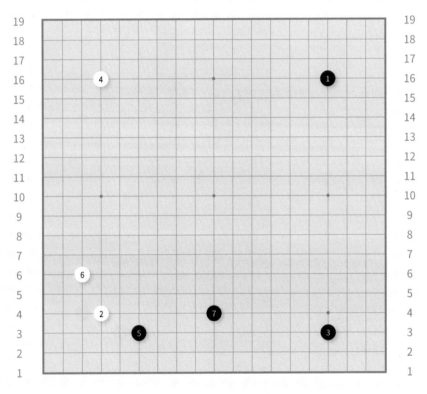

小林流

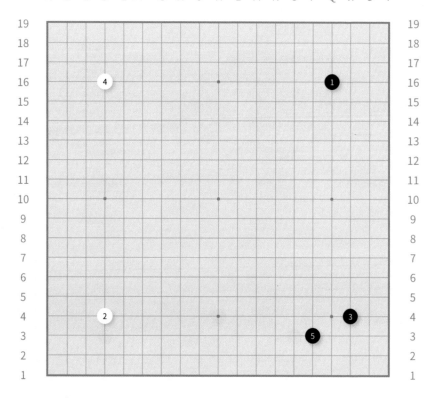

星无忧角

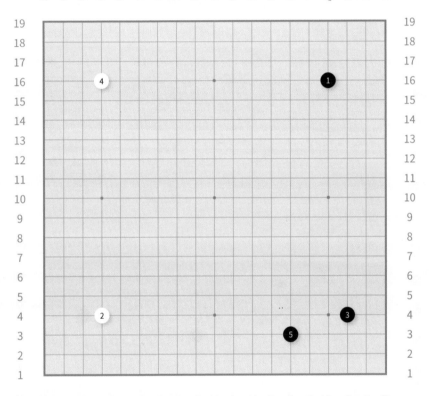

星大飞守角

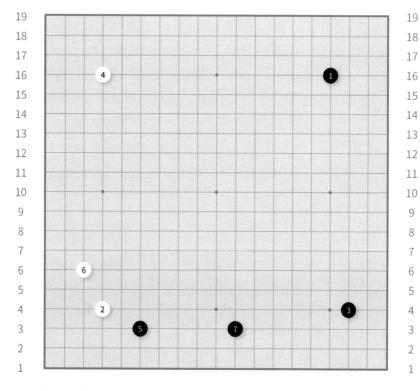

迷你中国流

小 目 布 局

一个小目对着自己的角，另一个小目对着对方的角，对着对方角的小目下成无忧角，称为「错小目无忧角」布局；

一个小目对着自己的角，另一个小目对着对方的角，对着对方角的小目下成大飞守角，称为「错小目大飞守角」布局；

两个小目彼此相对，称为「向小目」布局。

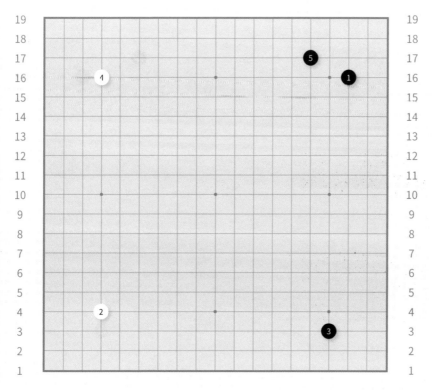

错小目无忧角

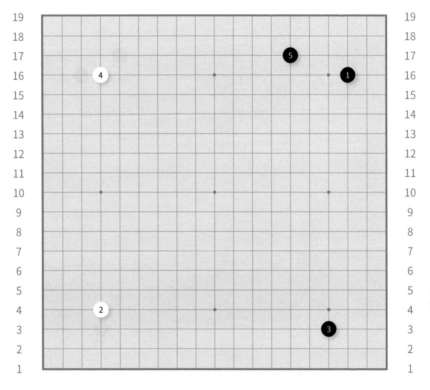

错小目大飞守角

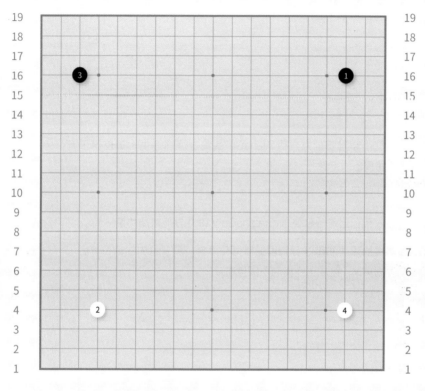

向小目

战胜了李世石的那一版 AlphaGo 就在自战训练中大量使用了中国流布局。

如右图，这是谷歌公布的 AlphaGo V18.0 自战对局的第一局。

黑棋的黑 1 和黑 3 分别占据星位和小目，黑 5 抢先挂角，然后回手占据黑 7，组成了经典的中国流布局。

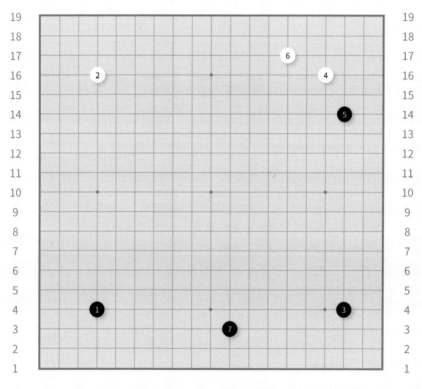

AlphaGo 中国流

什么是「中国流」?

　　在所有的经典布局套路中，「中国流」无疑是最知名也是最流行的。

　　「中国流」布局，是由中国棋手陈祖德九段系统研究出的布局体系。因为在 1965 年中国围棋代表团访日交流比赛中，中国棋手为了对抗强大的日本棋手，集体用出了这一布局体系，并获得了优异战果，令日本棋手十分惊讶，日本棋坛遂将其称为「中国流」布局。

　　如今半个多世纪过去，经过世界棋坛几十年的研究，「中国流」布局不仅没有在不断的布局革新中遭到淘汰，反而愈加发扬光大，成了一个合理而丰富的布局体系。直到今天，在职业棋坛以及业余爱好者群体中，「中国流」仍是最流行的布局流派之一。更有甚者，在 AlphaGo 横空出世之后，AlphaGo 也一度将「中国流」布局认可为最优秀的黑棋布局。

　　所以，「中国流」布局不仅是陈祖德九段毕生最大的成就，同时也是中国围棋对当代世界围棋的最大贡献。

第12天

——小队阵型

角部定式

定 式 的 逻 辑

在争夺角部的地盘时，通过大量实战对局总结出的双方都满意的下法，称为「定式」。定式中不仅展示了如「跳」「飞」「尖」等基本手段的正确使用方法，而且体现了布局阶段争夺角部地盘的逻辑，包括实地和外势资源的范围和正确争夺方式。因此，学习定式是学习布局阶段下法的捷径。

右图对第 11 天的知识做了归纳总结。

左下角标识了角部的实地和外势范围：✖ 标注了角部的实地，▲标注了边上的实地，●标注了中腹的外势。在下定式的过程中，每一步棋都应该取得一定的实地或外势利益。我们已经学习过占据空角的方法，如图中右下角所示，包括■三三、✖ 小目、Q4 星位、●目外和▲高目。当对方通过一定手段接近占据空角的棋子时，定式的下法就开始了。

左上角的黑棋占据星位，白棋最常见的接近方式是 ✖「点三三」和●「小飞挂角」。点三三以牺牲中腹外势为代价占据了角部的实地；小飞挂角则意在取得上边实地的控制权，将黑棋向左边和下方驱赶。

右上角的黑棋占据小目，白棋最常见的接近方式是▲「一间低挂」、●「一间高挂」、✖「二间低挂」和■「二间高挂」。一间低挂重视角部和上边的实地，一间高挂重视上边的实地和中腹的外势，二间低挂只重视上边的实地，二间高挂只重视中腹的外势。除点三三外，图中白棋接近黑角的所有下法统称为「挂角」。

左上角和右上角白棋接近黑角的方式，是反映定式的逻辑的简单例子。想要进一步学习定式的逻辑，需要大量的实例分析。

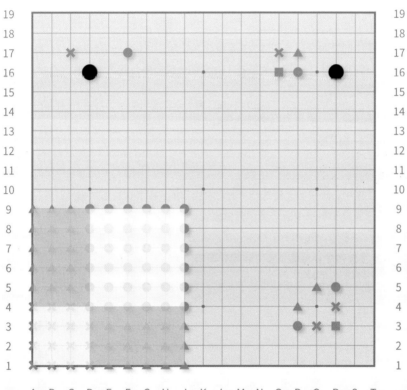

应 对 挂 角 的 手 段

在白棋接近黑棋角部的星位或小目后，黑棋面临各种各样的选择。

右图中的挂角手段分别称为「星位小飞挂角」「小目一间低挂」「小目一间高挂」「小目二间低挂」。大部分对局中，双方都采用这 4 种挂角方式。

白棋挂角后，黑棋面临多种选择。黑棋所有的可选下法已在图中用字母标出。

左上图中，黑棋有 4 种选择：占领右边实地、在上边夹击白棋、守住角部实地和争取中腹外势。具体来说，黑棋可以选择下在 A、B 或 C 占领右边，或者下在 D、E、F、G、H、I 夹击白棋，或者下在 J、K 守住角地，或者下在 L 争取中腹的外势。

其他 3 张图中，黑棋的可选下法都可划分到这 4 类中。

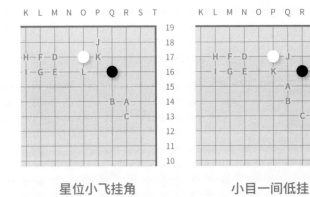

星位小飞挂角　　　　　　小目一间低挂

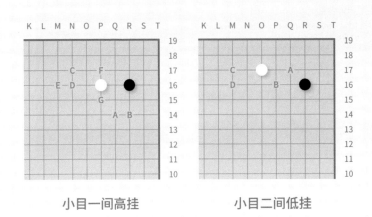

小目一间高挂　　　　　　小目二间低挂

定式开始的几步下法是确定的。除了按照基本手段的名称命名之外，其他的下法都有特定的名称。

上图中下法的名称如下：

挂角名称	星位小飞挂角	小目一间低挂	小目一间高挂	小目二间低挂
A	小飞	尖	小飞	尖
B	跳	小飞	跳	跳
C	大飞	拆二	一间低夹	一间低夹
D	一间低夹	一间低夹	一间高夹	一间高夹
E	一间高夹	一间高夹	二间高夹	
F	二间低夹	二间低夹	托	
G	二间高夹	二间高夹	靠	
H	三间低夹	三间低夹		
I	三间高夹	三间高夹		
J	下飞	尖顶		
K	尖顶	靠压		
L	靠压			

其中，「一间高夹」中的「一」是指黑棋落子的位置与挂角的白子之间的距离是 1，「高」是指黑子在四线上，在三线上时称为「低」。其他 × 间 × 夹的手段都是按照这种方法命名的。

定式的基本型

按照第一颗占角的棋子的位置，定式可以分为「星定式」「小目定式」「三三定式」「目外定式」「高目定式」等。

最为常见的是「星定式」和「小目定式」。

学习没有学过的定式的第一阶段，是牢记定式中的下法，然后在实战对局中进行实践和模仿。

第二阶段，是理解定式中下法的逻辑，在下定式的过程中，如果对方采取不同下法，能够知道如何应对。

第三阶段，是根据局面的不同，主动采取不同下法，从而在特定局面下获得最大利益。

我们将以 4 个基本星定式和 4 个基本小目定式为例，简要介绍这些定式的逻辑。初学者需要掌握的定式大约有 50 个，想要学习更多定式，请关注我们的公众号「奇略」。

基本星定式

　　右图左上，面对白棋的小飞挂角，黑3选择在上边跳，占据上边的实地；白4小飞进角，压缩黑棋的角部实地，同时在右边建立根据地；黑5尖，守住角部实地，阻止白棋进一步向角部前进；白6拆二，占领右边的实地，同时建立根据地；黑7拆，占领上边的实地。总体来看，黑棋占领了上边和半个角的实地，白棋占领了右边的实地，双方各有所得，都能满意。

　　右图右上，面对白棋的小飞挂角，黑3选择在右边一间低夹，与白棋争抢右边的实地，同时对白2施压；白4点角，决定牺牲白2，占据角部的实地。双方经过棋子的延伸，至白12跳，白棋占领角部的实地，黑棋占领右边的实地，白棋可以继续向上边发展，黑棋对中腹的外势具有较强的控制力，双方各取所需，都能满意。

　　右图左下，面对白棋的小飞挂角，黑3选择在右边二间高夹，阻碍白棋占领右边的实地，增强对中腹外势的控制力，同时对白2施压；白4跳，向中腹发展，削弱黑棋对中腹外势的控制力，同时加强白2；黑5跳，顺势占领上边的实地；白6与黑7交换后，白8在二线建立较小的根据地，黑9拆，占领上边的实地。与左上图相比，黑棋压缩了白棋上的根据地，但黑3与上方的黑棋并未相连，成为孤子。双方的得失与左上图相当。

　　右图右下，面对白棋的小飞挂角，黑3选择靠压，将白棋限制在较低的位置上，增强对中腹外势的控制力。至黑9，黑棋占据角部和边上的实地，对中腹外势的控制力强，但白棋在右边上的根据地很大。与左上图相比，双方的实地范围都有所增长，各有所得。

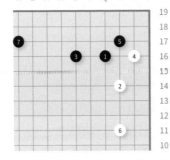

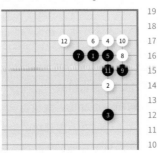

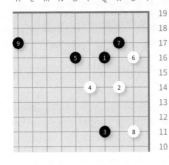

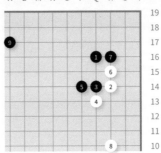

基本小目定式

  右图左上，面对白棋的一间低挂，黑3尖，加强黑1，同时增强了对右边实地和中腹外势的影响力。白4拆三，占领上边的实地。双方棋形简单，互不干扰，得失相当。

  右图右上，面对白棋的一间低挂，黑3二间高夹，与星位的二间高夹目的相同；白4尖，加强白2，防止黑棋堵住向中腹前进的道路；黑5飞，增强对中腹外势的影响力，同时增加右边的实地；白6进角，占据角部实地，同时建立根据地；黑7拆，占据右边的实地。黑棋右边的实地很大，白棋棋形坚实，双方都能满意。

  右图左下，面对白棋的一间高挂，黑3托，选择占领角部的实地，将上边的实地让给白棋。至白6，黑棋向左发展的方向被堵死，黑7只能选择向下发展，增加右边的实地，同时防止白棋堵住向中腹前进的道路；白8拆，占据上边的实地。黑棋角部和右边的实地共有15目，白棋上边的实地有9目，白棋对中腹外势的控制力较强，双方得失相当。

  右图右下，面对白棋的一间高挂，黑3一间低夹，重视上边的实地；白4托角，黑5选择在右边拆二，将角部实地让给白棋。至白10，白棋占据角部实地，同时建立根据地，黑棋则占据上边和右边的实地。白棋棋形坚实，黑棋延伸速度快，双方都能满意。

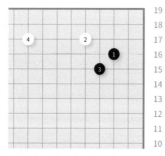

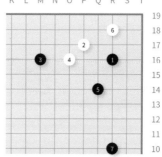

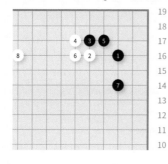

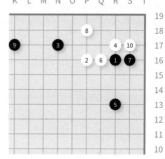

第13天

——中盘战斗

全军突击

厚势和孤棋

当对局进入中盘阶段之后，布局阶段的外势开始起作用。外势的影响范围广，棋形坚固，是「厚形」的典型，也称为「厚势」。厚势有两种用法，第一种是围空，第二种是进攻。用厚势围空并不是一种很好的选择，因为厚势是布局阶段通过牺牲实地换来的，厚势必须围住很大的空，才能弥补布局阶段损失的实地。用厚势进攻是厚势的主要用法。

厚势的进攻对象是「孤棋」。「孤棋」是指没有根据地，也没有两只真眼的一块棋。孤棋无法在它靠近的角部或边上做眼，一旦被包围只有死路一条。当孤棋靠近厚势时，厚势可以对孤棋产生威胁，在进攻的过程中取得额外的外势或实地。在多数情况下，利用厚势进攻取得的利益要多于直接围空取得的利益。

右图中，左下角的四颗白子是「厚势」。这四颗子的影响范围广，在左边与▲ D10 配合，以左边的区域为根据地，未来可以用于围空或攻击。

左上角的三颗黑子是「孤棋」，这三颗黑子的影响范围窄，由于▲ D10 的限制，在左边无法形成足够大的做眼空间，只能通过向中腹逃跑保证自己的安全。

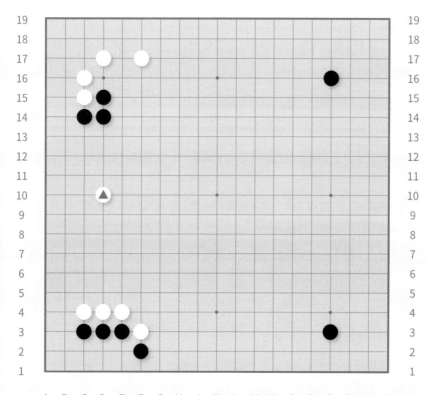

攻防的手段

想要杀死一块孤棋，需要完成两件事：「封锁」和「搜根」。

「封锁」是指堵住孤棋向中腹逃跑的方向，将孤棋困在角部或边上；

「搜根」是指缩小或破坏孤棋在角部或边上的做眼空间，使孤棋无法做成两只真眼。

「封锁」和「搜根」是攻击的主要手段。

想要加强一块孤棋，可以做两件事情：「出头」和「生根」。

针对封锁，「出头」是指将孤棋向中腹延伸，保证逃跑路线的畅通；

针对搜根，「生根」是指扩大在角部或边上的做眼空间，使孤棋做成或随时可以做成两只真眼。

「出头」和「生根」是防守的主要手段。

回到右图的局面，轮到黑棋下。

如果黑棋对左上角的孤棋弃之不顾，选择在右下角守角，白棋可以采用左上图的白2大飞，对三颗黑子进行「封锁」，使黑棋无法向中腹逃脱；白棋也可以选择左下图的白2小飞，对三颗黑子进行「搜根」，使三颗黑子无法在左边做眼。

如果黑棋希望加强左上角的孤棋，黑棋可以选择右上图的黑1大跳，大步向中腹逃跑；也可以选择右下图中的黑1拆二，在左边形成做眼空间，保证孤棋的安全。

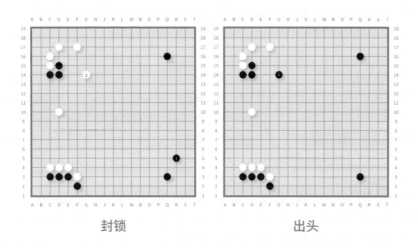

封锁　　　　　　　　　　　　出头

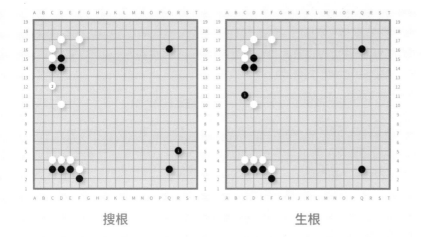

搜根　　　　　　　　　　　　生根

攻击的策略

攻击的目的在于获得利益。对于「封锁」和「搜根」两种攻击手段，在不同局面下能够获得最大利益的攻击手段，就是最好的攻击手段。

攻击的策略，就是采用能够获得最大利益的手段。这里的利益，可以是实地，也可以是外势。

如右图所示。

第 1 题，轮到黑棋下，右下的白棋是孤棋。

黑 1 如果采用 R9 搜根的方法进行攻击，首先可以巩固和扩展右边的实地。白 2 向中腹逃跑时，黑 3 继续压迫白棋，在缩小白棋逃跑范围的同时，与右上角的厚势相配合，目标在于用厚势围成大空。黑 1 如果采用 O9 封锁的方法进行攻击，白 2 会选择立刻生根，至黑 5，白棋拿到先手，再白 6 出头。

对于第 1 题，搜根的方法明显优于封锁的方法。封锁的方法虽然更大程度地缩小了白棋的逃跑范围，但并未将白棋完全封锁，黑棋增加的外势范围有限。而白棋不仅获得了根据地，保证了孤棋的安全，而且缩小了黑棋在右边的实地，黑棋吃亏。搜根的方法使黑棋在右边可以获得更多的实地，还可以继续攻击根据地被破坏的白棋，黑棋成功。

第 2 题，轮到黑棋下，下边的一颗白子是孤棋。

黑 1 如果采用 N3 搜根的方法进行攻击，白 2 会选择从中腹跳出，保证这颗白子安全逃跑。黑 1 如果采用 K5 封锁的方法进行攻击，白 2 至白 14 只能被动应对，在下边的狭小空间内做活。在获得影响范围广大的外势之后，黑 15 在上边拆边，与新形成的外势相配合。

对于第 2 题，封锁的方法明显优于搜根的方法。搜根的方法相当于用黑棋右下角的厚势围空，围住的实地只有拆二的范围，远远小于形成外势时损失的右下角的实地，而白棋跳出后扬长而去，黑棋没有进一步攻击的严厉手段，不能满意。而封锁的方法将白棋逼向了下边的狭小空间，自己取得广阔的中腹外势，收获颇丰，可以满意。

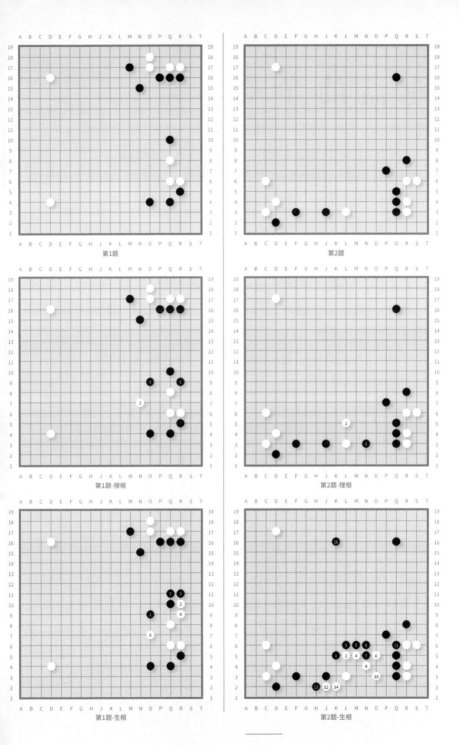

第1題

第2題

第1題-搜根

第2題-搜根

第1題-生根

第2題-生根

地盘的争夺

当中盘阶段找不到可以进攻的孤棋时，中盘的主要内容就是直接争取利益，也就是地盘的争夺。对于自己的地盘，可以采用「巩固」和「扩张」两种方法：

「巩固」是指堵住地盘的缺口，防止对方入侵；

「扩张」是指将地盘的范围扩大，争取围住更大范围的地盘。

对于对方的地盘，可以采取「打入」和「侵消」两种方法：

「打入」是指深入对方的地盘，成为对方地盘中的孤棋，但可以彻底破坏对方的地盘；

「侵消」是指压缩对方地盘的范围，阻止对方扩张，使对方只能采取巩固的方法围空。

如右图所示。

第 3 题，轮到白棋下。

黑棋右下角和右边的地盘规模宏大，白棋需要立刻与黑棋争夺这里的地盘。白 1 如果采用 R9「打入」的方法，在三线上落子，可以破坏黑棋右边的地盘，但黑棋会立刻对这颗白子进行攻击。白 1 如果采用 P9「侵消」的方法，在五线上落子，可以压缩黑棋右边的地盘，并且在中腹有充足的逃跑范围，不会遭到严厉的进攻。

第 4 题，轮到黑棋下。

黑棋下边 F3 和 M3 两颗黑子距离较远，地盘不牢固，需要采用巩固或扩张的方法使地盘变大和变强。黑 1 如果下 J4「大飞」进行巩固，下边的地盘牢固，白棋无法入侵，但范围没有扩大。黑 1 如果下 F5「跳」进行扩张，下边的地盘变大，但两侧的黑子距离仍然较大，白棋有打入的机会。

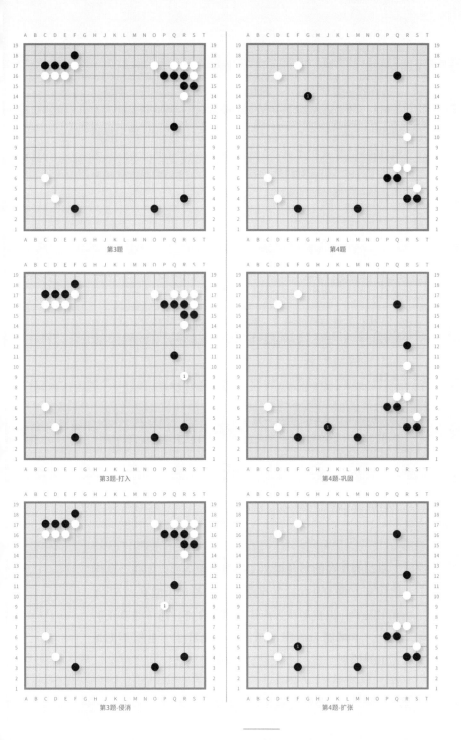

第3题

第4题

第3题-打入

第4题-巩固

第3题-侵消

第4题-扩张

无论「封锁」还是「搜根」，攻击的直接目的，都是在威胁对方死活的基础上来谋求获利。因为杀棋是很难的，必须要将对方封锁起来，并且还要破掉对方的眼位。而活棋却相对容易，只要做出两个真眼就可以了。但杀棋永远是攻击的终极目的，是无数棋手们孜孜不倦的追求，也是围棋故事中最惊心动魄的精彩情节。

在 1978 年的日本第二届棋圣战中，卫冕棋圣藤泽秀行迎战挑战者加藤正夫。在 7 局 4 胜的决赛中，藤泽秀行已经 1：3 落后，再输一局就要丢掉桂冠。

可在关键的第五局中，藤泽秀行以极大的魄力通盘追杀加藤正夫的大龙，最终将后者半个棋盘的子力全部歼灭，获得了一场酣畅淋漓的胜利。

秀行棋圣在本局中的下法，堪称是攻击的终极教材。

在对局行至如右图局面时，执黑的藤泽秀行棋圣长考近 3 小时，最终算尽全部变化，判定黑棋 2 路跳下即可全歼白棋！实战白棋拼命挣扎，果真无法抵抗，最终全军覆没。

在赛后接受采访时，藤泽秀行棋圣语出惊人：

「我深为现在的胜负偏离了其本质而痛心，如将一盘棋比作双方争 100 元，几乎所有的人都认为能拿到 51 元就可以了。但我却认为应该拿到其全部，这才是真正的胜利。本来能杀的棋不杀，即使获胜了，也称不上是真正的胜利！」

1978 年日本棋圣战
藤泽秀行执黑思考近 3 小时，屠掉加藤正夫两条巨龙

第14天

—— 确定边界
—— 官子基础

官子的种类

中盘阶段结束后，双方开始确定边界的细节，补全自己地盘的缺口，在对方地盘的缺口处进行最后的压缩，直到双方的地盘边界完全确定，不再改变。从中盘结束到双方的地盘边界完全确定的阶段，称为「官子阶段」。

对局进行到官子阶段，棋盘上会有若干最终边界尚未确定的区域，能在某个区域先动手的一方，将在这个区域压缩对方的地盘或扩展自己的地盘，从而取得最大的目数利益。这些边界尚未确定的区域，称为「官子」。在这些区域落子来取得目数利益的下法，称为「收官」。

围棋的手段，以对方是否必须回应为标准，可以分为「先手」和「后手」两类。当一方在某个局部落子时，如果对方不予回应的代价很大，对方必须在附近落子回应，我们称这一方取得了「先手」。当一方在某个局部落子时，如果对方不予回应的代价很小或没有代价，对方不需在附近落子回应，我们称这一方落了「后手」。收官时，如果一方在一个区域取得先手，这一方就可以在另一个局部先动手，取得更多的目数利益。如果一方在各个区域都取得先手，那么这一方将抢到所有的官子。因此，在一个区域收官结束时，取得先手至关重要。

根据黑方或白方谁先落子，以及落子后谁是先手谁是后手，官子可以分为 4 类：「双先官子」「单先官子」「逆先官子」「双后官子」。

双 先

对于一个官子，如果无论谁先下都可以取得先手，那么这个官子是「双先官子」。右图上方，如果黑棋先下，双方的下法如图中左下方所示，白 4 如果不接，白 2 就会被黑棋吃掉，因此白 4 不得不接，黑棋取得先手。如果白棋先下，双方的下法如图中右下方所示，白棋取得先手。因此，右图中的官子是双先官子。

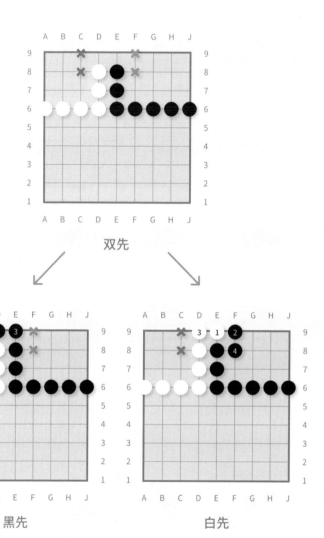

双先

黑先

白先

单先和逆先

对于一个官子，如果一方先下可以取得先手，另一方先下只能落后手，那么这个官子是能取得先手一方的「单先官子」，是只能落后手一方的「逆先官子」。

右图上方，如果黑棋先下，双方的下法如图中左下方所示，白4不得不接，黑棋取得先手。如果白棋先下，双方的下法如图中右下方所示，白3后，黑棋没有危险，不需回应，白棋落后手。因此，右图中的官子是黑棋的「单先官子」、白棋的「逆先官子」。

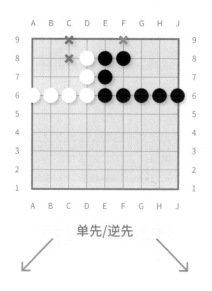

单先/逆先

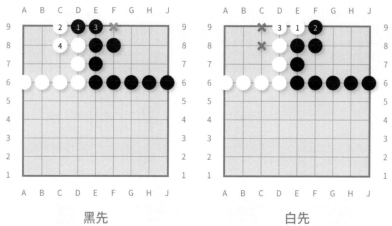

黑先   白先

双 后

　　对于一个官子，如果无论谁先下都只能落后手，那么这个官子是「双后官子」。

　　右图中，如果黑棋先下，双方的下法如图中左下方所示，黑3后，白棋没有危险，不需回应，黑棋落后手；如果白棋先下，双方的下法如图中右下方所示，白3后，黑棋没有危险，不需回应，白棋落后手。因此，右图中的官子是双后官子。

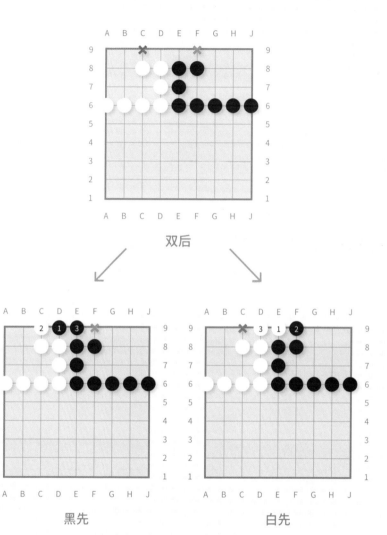

双后

黑先

白先

官 子 的 大 小

了解官子的分类之后，我们要对每个官子的大小有准确的判断。

官子的大小，是指收官后破坏对方的目数和自己取得的目数之和。

对于下图左边的双先官子，黑棋先下可以取得右侧 ✖ 的 2 目，破坏白棋左侧 ✖ 的 2 目，共 4；白棋先下可以取得左侧 ✖ 的 2 目，破坏黑棋右侧的 2 目，共 4 目。因此，这个官子的大小是 4 目，是「双先 4 目」官子。

对于下图中间的单先和逆先官子，黑棋先下可以取得右侧 ✖ 的 1 目，破坏白棋左侧 ✖ 的 2 目，共 3 目；白棋先下可以取得左侧 ✖ 的 2 目，破坏黑棋右侧 ✖ 的 1 目，共 3 目。因此，这个官子的大小是 3 目，是黑棋的「单先 3 目」官子，白棋的「逆先 3 目」官子。

对于下图右侧的双后官子，黑棋先下可以取得右侧 ✖ 的 1 目，破坏白棋左侧 ✖ 的 1 目，共 2 目；白棋先下可以取得左侧 ✖ 的 1 目，破坏黑棋右侧 ✖ 的 1 目，共 2 目。因此，这个官子的大小是 2 目，是「双后 2 目」官子。

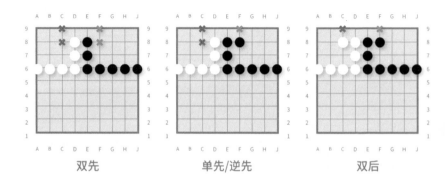

双先　　　　　　　单先/逆先　　　　　　　双后

收 官 的 顺 序

在官子阶段，全局有若干个官子，属于4种不同类型之一。棋手面临的问题，是如何在这种局面下，按照官子价值从大到小的收官顺序，取得最大的目数利益。官子的大小，是一种官子价值的参考。但因为没有考虑先后手的影响，官子的大小并不一定等于官子的价值。比如一个单先2目的官子和一个双后2目的官子，大小相同，单先2目官子的价值大。因为收完单先2目的官子后可以取得先手，继续收下一个官子，而收完双后2目的官子只能落后手，对方收下一个官子。

官子的价值，是指将不同类型的官子折算成双后官子后的大小。对于「双先官子」，由于先动手的一方能够保持先手，先到先得，只要能保证对方一定回应，双先官子折算成双后官子的价值是无穷大。对局进入官子阶段后，获得先手的一方应当立即动手，抢先收完棋盘上所有的双先官子。对于「单先官子」，如果对方一定回应，单先官子折算成双后官子的价值也是无穷大，与双先官子相似。如果对方不回应的代价有限，则应当考虑对方不回应的情况，将这个官子当作双后官子进行计算。对于「逆先官子」，虽然落了后手，但抢到了对方的先手官子，价值可以估算为官子大小的2倍，比如逆先2目官子的价值相当于双后4目。对于「双后官子」，官子的大小等于官子的价值。官子的价值，是收官顺序的重要参考，但并不是收官顺序的绝对标准，「灵活」是下出最佳官子顺序的关键。比如，棋盘上只剩下两个官子，轮到黑棋下，一个是双后5目，另一个是逆先3目。按照逆先官子价值2倍的标准，会得到先收逆先3目的结论。但正确的下法是先收双后5目的官子，因为逆先官子价值2倍的原因是阻止了对方取得先手官子的利益，在后续的收官过程中有机会比对方多抢到一个官子，而这种情况下，两个官子收完后官子阶段已经结束，不会有后续的收官过程，逆先3目与双后3目没有区别。

在实战对局中，收官的最佳方法是运用计算力对最佳收官顺序进行推算，判断所有官子的类型和大小，评估双先和单先官子对方有多大概率不回应，如果不回应有什么后续手段，官子与死活是否有关系，能否通过做劫取得更多的利益等，在综合所有信息后再决定在何处落子。这种方法对初学者来说过于复杂。在初学阶段，「双先单先无限抢，逆先双后看价值」是最佳策略，不需考虑太多变化即可获得不错的收官效果。

常见的官子手段

当官子区域较小时，选点较少，官子的下法很容易确定。

简单的官子手段包括之前的例子中双方使用的「扳」，以及右图左上角黑棋的 ✖A16「接」、白棋的 ✖A16「提」，上边黑棋的 ✖K19「冲」、白棋的 ✖K19「挡」，右上角黑棋的 ✖R18「打吃」和白棋的 ✖R18「接」等。

当官子区域较大时，选点较多，官子的下法中一般只有一个或两个是最佳选点，如右图左下角黑棋的 ✖B2「夹」、下边黑棋的 ✖K2「跳」、右下角黑棋的 ✖T5「大飞」，其中 ✖T5 的下法又称为「仙鹤大伸腿」。

在实战对局中，官子的情况会更加复杂。

寻找最佳选点的第一步是推算不同选点可能产生的双方最佳变化，第二步是选择这些选点中可以获得最多利益的点。随着对官子手段的不断积累，找到最佳选点的速度会越来越快。

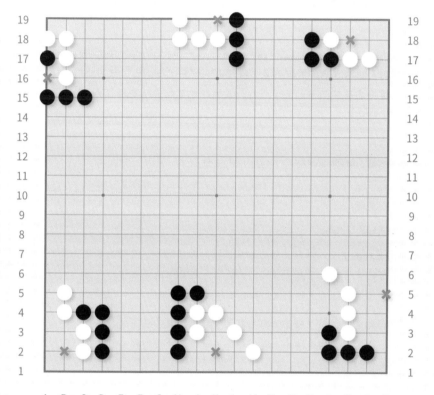

官子，看起来没有布局构思那么宏大绚烂，也没有中盘战斗那么复杂巧妙。但官子是一局棋的结尾，精彩的官子手段经常可以直接决定棋局的最终胜负。

在 1706 年日本一场极为重要的比赛中，年仅 16 岁的新秀棋手本因坊道知挑战大前辈安井仙角，在所有人都判定道知已必败的情况下，道知发现了巧妙的官子手段，最终将 1 目败的结局逆转为 1 目胜，震惊棋坛。

如右图，本因坊道知执黑，安井仙角执白。对局下到此时，已经接近终局，棋盘上剩余可下的地方已经很少了。所有人都认为，安井仙角必然以 1 目的最小优势获胜，连安井自己也这样想，然而他们都没发现……

本因坊道知发现，左上角的黑棋存在绝妙的官子次序：黑 1、3、5、7 先在白棋空中捣乱，然后再于 9 位扳，次序绝妙，使得原本是后手 2 目的官子变成了先手 3 目，然后抢先在其他地方收官，最终凭空获得了 2 目棋的便宜，将 1 目败扭转成了 1 目胜。

对局结束后，对手安井仙角亦然没有察觉结果已经逆转，还以为是自己赢了，竟然连续要求复查了三遍结果，才最终接受自己失败的结局。

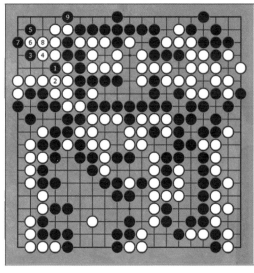

官子的次序非常重要，尤其先手官子是不能错过的。哪怕在顶尖高手的对局中，也经常出现因为错过一个简单先手官子，而直接导致输掉全局的情况。

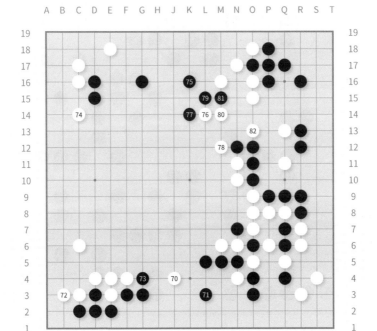

2017 年春兰杯决赛第三局檀啸执黑对朴永训，在前半盘，黑棋形势不容乐观。檀啸在下到 81 位冲的时候，没有发现白 82 靠的妙手，形势更为恶化，令中国队研究室气氛凝重。但随后朴永训出现了优势意识，局势逐渐被檀啸扳平。

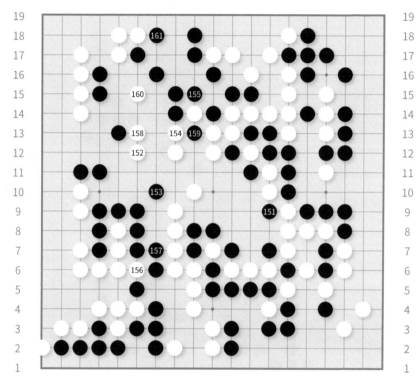

棋局进行到 161 手，许多观战棋手们仍不看好檀啸的黑棋。而檀啸却认为，此时已是细棋局面，黑棋并不差。接下来，白棋又出现了一个较大的官子失误，错过了一个简单的先手官子，被檀啸机敏地抓住机会，终于取得了这场比赛的胜利。

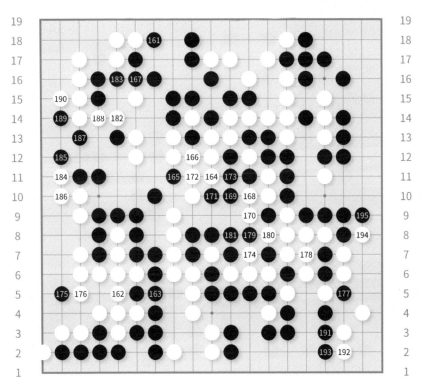

　　实战白棋 164 在中间补棋，是近乎于单官的一手，错过了最后的机会。黑棋机敏地意识到了胜机，抢到了 167 位团的巨大逆收官子。至此檀啸已经胜券在握。可以说，朴永训一个细小的官子失误，直接影响了一盘棋最终的结果。

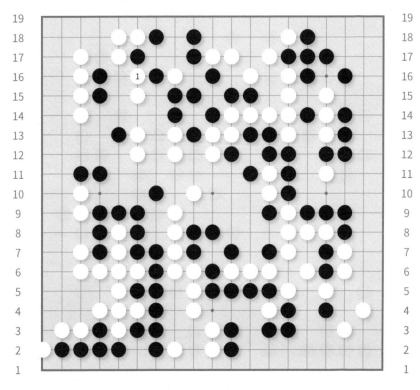

　　实际上在前一张图中，白棋的 164 应该下在上图中的 1 位先手打，避免被
黑棋团的逆收官子，这才是此局面下的正解。可是，曾经被韩国棋坛誉为李昌镐
之后官子第一人的朴永训，居然错过了如此简单的先手官子，与冠军失之交臂。

盘外趣事：读秒时想去洗手间怎么办？

在这场比赛的最终阶段，还发生了一件令人意想不到的事。

当朴永训下完白 194 扳的时候，忽然向裁判提出想去洗手间。于是在裁判的示意下，檀啸暂时按停了时钟。可在场外进行网络解说的棋手并不知道场内发生的变故，因为错判局势，认为檀啸的黑棋是劣势，又得知檀啸已经停钟，解说员居然误以为檀啸已经认输了，于是就在解说中宣布檀啸认输。

然而几分钟后，朴永训回到了赛场，比赛重新开始，双方继续收了几步官子，形势不好的朴永训很快就认输了。这时候，场外已经宣布檀啸认输的解说员才知道，原来是檀啸赢了。

在这场「认输风波」中，场外解说员错判局势固然显得有些尴尬，但因为是檀啸主动停钟而引起误会，也算情有可原。因为在很多棋手的习惯中，主动停钟就是认输的一种方式。于是我们发现，在比赛最终的读秒阶段突然暂停比赛，容易让人引起极大的误会。毕竟，同样是按停时钟，不在现场的人是分不清楚比赛到底是暂停还是结束了的。

那么大家认为，如果在读秒阶段，棋手想去洗手间，到底能不能暂停比赛呢？

第15天

——胜负判定 比赛规则

执 黑 和 执 白

比赛中的对局，对手由主办方编排后制定。有两种方式可以决定棋手执黑或执白，包括「猜先」和「定先」。

「猜先」又称为「猜子」，在对局开始前，年长的一方或段位高的一方抓取一把白子，另一方出示一颗或两颗黑子，分别代表白子的数量为单数或双数。如果猜对，出示黑子的一方执黑；如果猜错，出示黑子的一方执白。

「定先」是指在对局开始前，执黑的一方和执白的一方已经确定。确定黑白方的规则有很多种。比如，以段位高低为标准，高手执白，低手执黑。以黑白平衡为标准，比赛编排软件会以棋手在比赛中执黑的对局和执白的对局数量一致为目标指定黑白方。

棋 份 的 确 定

「棋份」是指通过改变贴目和让子情况来平衡对局双方的棋力差距的规则约定。常见的「棋份」包括「分先」「让先」「让子」三种。

「分先」是指对局开始前棋盘上没有子，黑棋下第一手，判断胜负时黑棋需要比白棋多出贴目数量的地盘才能取胜。中国规则中，黑棋的贴目为 7.5 目，或三又四分之三（$3\frac{3}{4}$）子。日韩规则中，黑棋的贴目为 6.5 目。

「让先」是指对局开始前棋盘上没有子，黑棋下第一手，判断胜负时不考虑贴目，黑棋只要比白棋的地盘多就能取胜。与分先对局相比，让先对局中黑棋有一个贴目的优势。

「让子」是指对局开始前棋盘上先放置 2 ~ 9 颗黑子，白棋下第一手，判断胜负时不考虑贴目，黑棋只要比白棋的地盘多就能取胜。

与分先对局相比，让子对局中黑棋有一个贴目外加让子数减去一颗子的子力优势。

分先、让先和让子如右图所示。

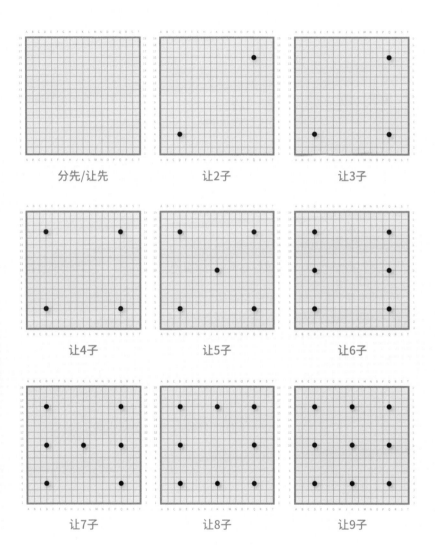

分先/让先　　　　让2子　　　　让3子

让4子　　　　让5子　　　　让6子

让7子　　　　让8子　　　　让9子

违例及处罚

围棋规则违例

当对局者在比赛中违反围棋规则，称作「违例」。裁判会对违例者进行相应的处罚。不同国家的规则对违例的处罚各不相同，我们以 2002 年版的中国规则为例。

如果一方第一次在禁入点落子，经裁判确认后，这颗落子无效，这一方失去这次落子的机会，由对方继续落子。如果一方第二次在禁入点落子，经裁判确认后，直接算作违例者输棋。

在对局中连下两手称为「连招」。如果一方在比赛中第一次连招，经裁判确认后，第二手棋无效，并且在计算对局结果时罚连招的一方 1 子或 2 目。如果一方第二次连招，经裁判确认后，直接算作违例者输棋。

在对局中将刚刚落下的子拿回称为「悔棋」。如果一方在比赛中第一次悔棋，经裁判确认后，悔棋无效，并且在计算对局结果时罚悔棋的一方 1 子或 2 目。如果一方第二次悔棋，经裁判确认后，直接算作违例者输棋。

违反赛场纪律

如果对局者违反比赛秩序册中规定的赛场纪律，则由裁判长以及各位裁判商议后决定处罚方式。

胜 负 判 定

对局中出现超时、违例或违反赛场纪律的情况，如符合相应条件，裁判可以直接宣布对局结果。

如果对局中一方认为自己无法取胜，可以告知对手自己已经「认输」，对局结果为「中盘负」。

如果对局进行到官子阶段结束，则由裁判按照相应规则来计算双方的地盘后宣布对局结果。中国规则采用「数子法」确定双方的地盘，日韩规则采用「数目法」。

「数子法」的步骤是先将棋盘上所有死子拿掉，然后把双方各自的地盘用各自的棋子填满。分先对局中，如果黑子达到 185 个，或白子不到 177 个，则黑棋取胜，反之则白棋取胜。

「数目法」的步骤是先收集对局过程中所有对方被提掉的子以及对局结束后对方地盘中的死子，然后把这些子填入自己的地盘中。分先对局中，如果黑棋的目数比白棋的目数多出的数量超过贴目的数量，则黑棋取胜，反之则白棋取胜。

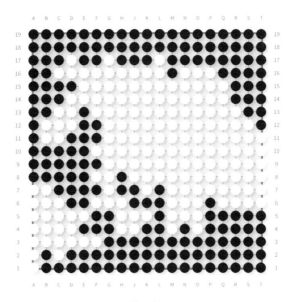

数子法

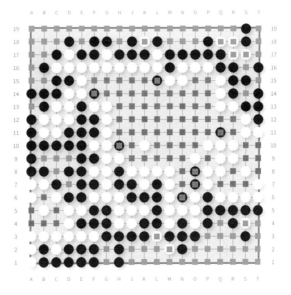

数目法

顶尖棋手在顶级世界比赛中的一局，令人荡气回肠。

2005 年春天，应氏杯决赛第三局，中国棋手常昊执白对阵韩国棋手崔哲瀚。

两人下出了应氏杯历史上的一局名局。

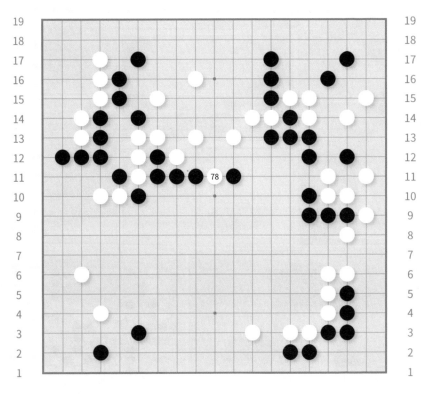

执黑的韩国棋手崔哲瀚在序盘猛攻白棋，而执白的常昊不慌不
忙，白 78 "一挖"，击中黑棋要害，黑棋的全线进攻顿告崩溃。

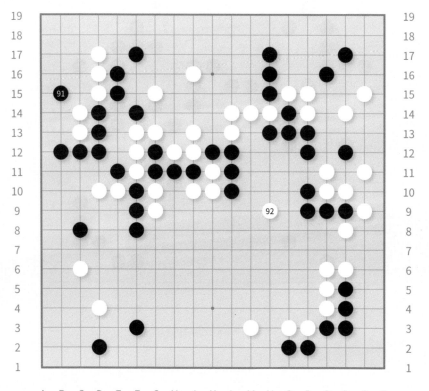

经过一场转换，白棋稍稍获利，但全局形势还早。

黑91跳入左上，要杀白棋40目大角，此时白棋居然脱先不应，白92置左上不理，直接抢攻黑棋中央大龙！

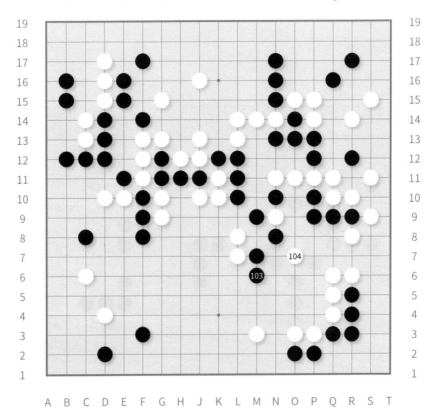

　　黑 103 出头时，常昊下出了准备已久的白 104 点，犹如一剑封喉，将黑棋大龙击毙，取得了决定性的优势。

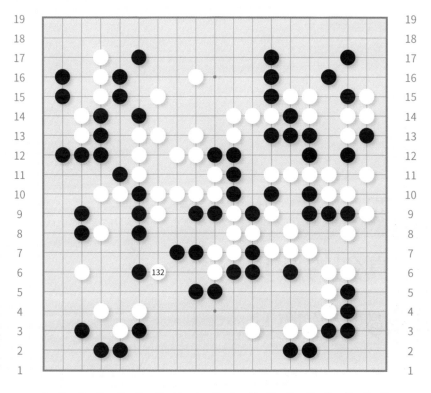

　　黑棋右边大龙全灭之后，只能寄希望于全歼白棋左边来挽回局势。在实战中，形成了以大龙死活赌输赢的混乱局面，但常昊在乱局中找到了白132的精妙腾挪手段，揪住黑棋的毛病将大龙成功做活，终于拿下了这场重要的比赛。

职业围棋比赛：
真剑的胜负，
漫长的鏖战，
荣誉的争夺

在生活中，爱好者们下一局棋也不过 1 小时左右。可在职业围棋的世界里，一局棋动辄几个小时，正式比赛甚至常为一日制的漫长鏖战。爱好者们平时下棋大多出于兴趣，可以下出「快乐围棋」。

可职业围棋比赛却往往是涉及个人生涯、荣誉和奖金的严肃决斗，正如大师吴清源所言：「围棋是真剑胜负」。所以，职业围棋的世界往往是残酷的，是漫长的真剑胜负。

常昊对崔哲瀚的这场比赛是一日制的，实际上进行了足有九个半小时。

在令人窒息的气氛里，所有人都煎熬了九个半小时。连观战者都觉得难以忍受了，但对局者却一口气都不能松，必须拼命到底。在上面最后一张图谱中，当常昊下出白 132 的致胜妙手后，崔哲瀚顶着超时罚点长考 45 分钟，想要找到应对这一手的对策，最终仍未成功，无奈失落认输。漫长而残酷的真剑胜负，这就是职业围棋比赛。

常昊借着这一局胜利的余威，再接再厉又下一城，从而以 3:1 的总比分战胜了崔哲瀚，获得了应氏杯的冠军，这也是历史上中国人第一次获得该比赛的冠军。中国人自己举办的比赛，从 1988 年开始，却直到 2005 年，才首次将冠军奖杯捧回家，这其中有多少遗憾和心酸！创办应氏杯的应昌期老先生，直到临终都没能看到中国人夺冠的这一天。其子应明皓先生，在常昊夺冠后，将夺冠的棋谱烧在了应老先生的墓前，「国人如有夺冠日，家祭无忘告乃翁」。

所以，这场比赛是崔哲瀚的失败和常昊的胜利，同时也是韩国围棋的失败和中国围棋的胜利。从这次比赛之后，被「韩流」压制长达十年之久的中国围棋，开始吹响反攻的号角。

作为世界智力竞技的最高舞台，冠军的归属被赋予了极大的意义。

基 本 功 自 测 （扫描二维码看答案解析）

基本功自测：黑先

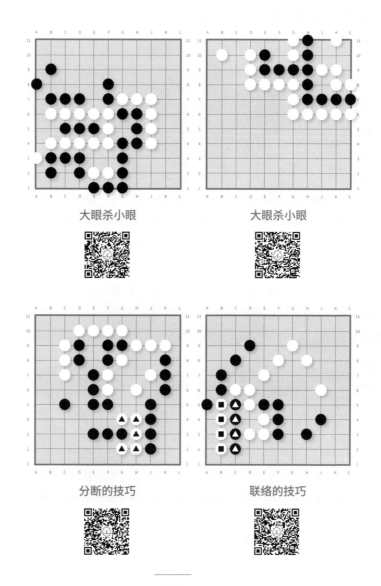

大眼杀小眼

大眼杀小眼

分断的技巧

联络的技巧

基本功自测：黑先

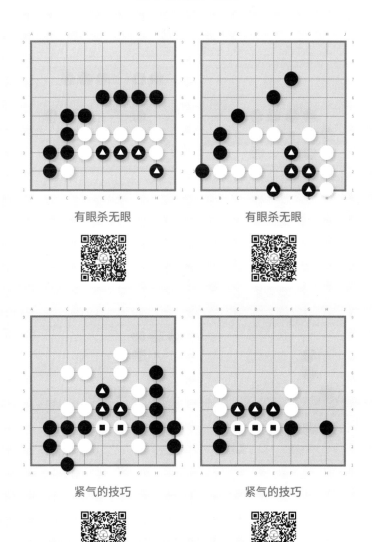

有眼杀无眼

有眼杀无眼

紧气的技巧

紧气的技巧

基本功自测：黑先

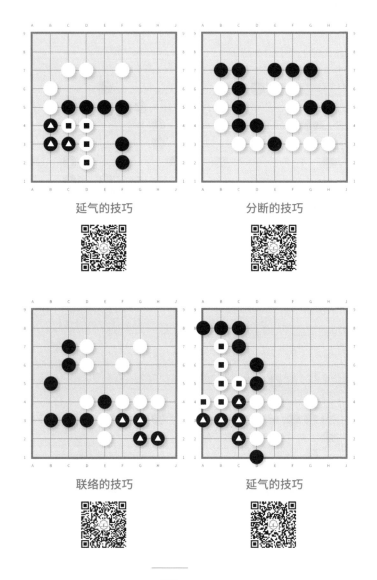

延气的技巧

分断的技巧

联络的技巧

延气的技巧

基本功自测：黑先

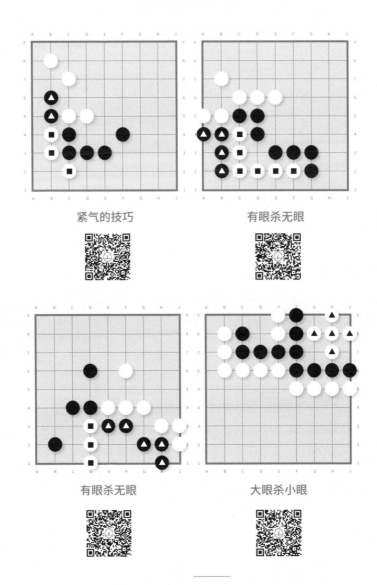

紧气的技巧

有眼杀无眼

有眼杀无眼

大眼杀小眼

后 记 　 致 谢

　　这本书灵感来源于我在知乎一套为期半年的围棋入门课程，这套课程中我们还邀请了职业棋手李源鲲、在美国做智能硬件同时普及围棋的赵治勋（五仁）以及优秀的三位助教，他们分别是陈泽光（小光）、张万敬（Paul）、谢佳璇（鸡腿队长）。

　　通过这半年的课程 我们帮助了 1300 名学员了解围棋，并帮助其中 300 人获得了相应证书。于是我和五仁在原讲稿和讲义的基础上，想再进一步，做一本有趣、有益、专业性强的好书。这时我们跟世界冠军檀啸九段一拍即合，在他的成长历程里，最早的启蒙靠的就是一本好书。如今围棋经过人工智能的洗礼，已经有了诸多变化，促使我们对清晰的逻辑、完整的系统有了更高的追求。

　　成书的过程比想象的要复杂很多，我负责提出要求和标准，经常突发奇想，最终提出了一个同类作品中还没有过的策划方案，五仁则负责形成基础文案，陈泽光在专业软件上做成逻辑导图，王钊提供排版方案，宁小敬在排版方案上做了调整，形成了整个教材的雏形。之后在张云菘、胡啸城的勘误基础上，整本教材得到完善。

　　之后我想到一本书中，很多知识和典故可能晦涩难懂，希望更生动一些，没想到这个要求又开了一个"大坑"。

比较幸运找到白暖来做我们的美术监制，绘制了小恐龙和少年檀啸学棋的场景，正文则主要采用了朱枭和王羽佳的作品。金程远和唐宗昊也为创作做出了贡献。第 1 版第 1 次的销售中，得到了广泛的赞誉。图书出版后，我们注意到，1 版 1 次的插画对内容理解还有改进的空间，我们请到了人大美院的张春影做了漫画的插图。另外，在此一并感谢为此书付出时间的黄嘉乐老师。

如果让我回到三年前重新选择，我还是会坚持高标准，完成一部相对符合自己要求的作品，也是做这本书的初衷。

当然，我还会陆续推出更好、更符合读者需求的书籍，这一内容探索之路，这本书只是开始。

必须要提的是，非常荣幸得到科大讯飞联合创始人、聆思科技董事长胡郁博士的关注和大力支持，以及刘鹏博士和智飞云科创始人刘顺峰的支持，正是这些支持让这本书以及相关大量内容的设想具有了实现的可能。成书以后，样书得到了中广格兰董事长、北京大学校友围棋协会曾会明的肯定和意见，在此一并表示感谢。

最后感谢我的家人，丽洋在我成书迷茫的过程中不断地鼓励，是最重要的动力。

谢谢大家，也期待着大家的宝贵意见，做出好内容，是快乐的，也是未来一直会不懈努力的目标，有大家的支持，奇略的内容会越来越好。